DISCOURS
HISTORIQUE
SUR LA GRAVURE
EN TAILLE-DOUCE
ET
SUR LA GRAVURE EN BOIS.

A PARIS,
DE L'IMPRIMERIE DE H. AGASSE.

1808.

Extrait du *Moniteur*, octobre 1808.

DISCOURS

HISTORIQUE

Sur la gravure en taille-douce et sur la gravure en bois ; par M. T. B. Éméric-David (*).

L'ART de graver, soit des ornemens, soit des figures sur des planches de métal, cet art qui, depuis plus de trois siécles, a fait tant de progrès et a produit tant de chefs-d'œuvres, n'est point en lui-même une invention des modernes. Les écrivains qui en ont recherché l'origine, ont fait remarquer que les Egyptiens, les Etrusques, les Romains le mirent en pratique. Nos maîtres dans tous les arts d'imitation, ces dessinateurs ingénieux qui portèrent à un si haut degré de perfection la sculpture, la peinture, l'architecture, l'art de fondre, de forger, de marier les métaux, de les travailler sur le tour et de les émailler, l'art de graver des médailles, celui de graver sur des pierres fines, l'orfévrerie, l'art de ciseler et celui de damasquiner, les Grecs enfin excellaient pareillement dans l'art de tracer avec le burin sur le bronze, sur le fer, les dessins les plus purs et les plus délicats. Plusieurs ouvrages décrits par Homère semblent prouver que cet art avait déjà fait de son tems, et avant lui, des progrès remarquables. La coupe charmante où voulait boire Anacréon, pour célébrer le retour du printems, devait, suivant les vœux du poëte, être embellie par des gravures de ce

(*) Ce Discours fait partie du texte du MUSÉE FRANÇAIS, publié par MM. Robillard-Péronville et Laurent. Il est placé au commencement du troisième volume de cette magnifique collection.

genre ; on peut du moins le présumer d'après ces paroles : « Excellent artiste, étends, applanis » l'argent ; formes-en une coupe ; grave dans le » contour, sous une vigne touffue, les amours » désarmés et les graces qui sourient (1). » Nous retrouvons des traces de cet art antique sur un grand nombre de vases étrusques ou grecs, de patères, de casques et de fragmens de différens meubles que le tems a respectés. Nous y voyons de riches ornemens, et même assez fréquemment des sujets historiques gravés par un burin ferme, exact et hardi (2).

---

(1) Ἀργύριον δ' ἀπλώσας,
. . . .
Χάρασσ' Ἔρωτας ἀνόπλους,
Καὶ Χάριτας γελώσας. etc.
Anacr. sympos. (Rom. 1781.) p. 19 et 20, Od. iv. (XVIII. ed. vulg.)

Il est très-vraisemblable qu'il s'agit dans ce passage de gravures exécutées au burin sur une surface plane.

(2) Parmi les monumens de bronze les plus remarquables de ce genre, je puis citer la patère décrite par Caylus (*Antiq. Etrusq.*, tom. iv, pl. xxxvij) ; celle qui est gravée dans le *Dictionnaire des graveurs* de Strutt (tome j, à côté du frontispice), et que l'on conserve dans le cabinet du roi d'Angleterre ; celles qui ont été décrites par Gori (*Mus. Etrusc.*, tab. lxxxvj ad cxxvij) ; et notamment celle du *Museo Cospiano*, où est représentée la naissance de Minerve, que Gori a donnée sous le n° 120, et qui se retrouve dans Dempster (*Etruria reg.*, tom. j, tab. 1, pag. 78.). Je puis citer encore un beau vase décrit par Winckelmann : *Ancor più mirabile, ... del diametro d' un palmo e mezzo romano, il quale è stato indorato, ed ha sulla pancia incisi de' bellissimi ornati;* etc. (Winckelm. ed. Féa, lib. iij, cap. 2, tom. j, pag. 190, 191) ; et enfin un vase encore plus riche, ayant deux palmes un pouce et demi de hauteur, sur un palme sept pouces et demi de diamètre, dont on voit un dessin dans le *Museum Kirkerianum* (Rom. 1743, tom. j, pl. j à viij). Ce vase est couvert de gravures dont le sujet est pris en partie dans l'histoire des Argonautes. On le conserve à Rome, au *Collège romain*, dans le cabinet formé par Kircher. M. Heyne en a donné une description dans sa Dissertation sur le trône d'Apollon Amycléen. (Pieces intéressantes publ. par M. Jansen, tom. v, pag. 61 et suiv.)

Rien n'eût été sans doute plus facile, rien ne nous semble aujourd'hui plus naturel que d'introduire un vernis, une matière onctueuse et colorée, dans les sillons tracés sur le métal, et de fixer ensuite l'empreinte de cette gravure par l'action d'une presse, d'une balle ou d'un *frotton* de laine, sur une étoffe ou sur un papier légérement humecté. Quel service l'inventeur de cette nouvelle manière de peindre aurait rendu aux arts et à son pays ! Quelle source de richesses il aurait offerte à un peuple qui fondait son commerce non-seulement sur les denrées de son territoire, mais plus encore sur les ouvrages de ses manufacturiers, je pourrais dire sur les productions de son génie ! Combien les chefs-d'œuvres des peintres et des sculpteurs grecs, multipliés en quelque sorte jusqu'à l'infini par la gravure, en pénétrant dans tous les pays où parvenaient les marchandises d'Athènes, de Corinthe, de Samos, de Milet, auraient eu d'influence sur le goût et peut-être sur les mœurs des nations anciennes ! L'idée première ne se présenta point (3). Rien du moins ne porte à croire que l'on fit quelque tentative dans cette manière d'imprimer. Peut-être la dureté du papier que fabriquait l'Egypte, fut-elle un obstacle à une aussi belle invention. Privée du secours de l'impression, la gravure au burin ne fut chez les anciens qu'un art secondaire, subordonné à la sculpture, à l'orfévrerie, et en général à l'art de travailler les métaux. Elle se fit admirer dans la représentation des figures humaines, par la justesse et l'élégance du dessin ; dans les simples ornemens, par la régularité, par la hardiesse et la finesse des traits ; elle ne tenta point de produire des effets pittoresques.

---

(3) « Cette réflexion est humiliante, dit à ce sujet M. de » Caylus, cependant elle nous regarde également, car il est à » présumer que nous touchons à des précédés qui nous paraissent impraticables, et dont la simplicité nous ferait rougir, » si nous étions en état de la prévoir. » *De la gravure des anciens ;* Acad. des B.-L., tom. xxxij, pag. 765.

Les plans géographiques sont un des objets auxquels les Grecs employèrent le plus anciennement l'art de graver sur les métaux. Le desir d'assurer la conservation de ces plans fit naître l'idée de les tracer sur des tables de cuivre. Hérodote raconte qu'Aristagoras de Milet s'étant rendu à Sparte, pour engager les Lacédémoniens à soutenir les Grecs d'Asie dans leur révolte contre Darius, se présenta au roi Cléomènes, *tenant à la main une planche de cuivre sur laquelle était gravée la circonférence entière de la Terre, avec toutes les mers et les rivières dont elle est arrosée* (4). L'entreprise que nous vous proposons est aisée, dit-il à ce roi.... Les Lydiens sont voisins des Ioniens ; leur pays est fertile et riche en argent. *En disant cela, il lui montrait ces peuples sur la carte de la terre, tracée sur la planche de cuivre* (5). On ne peut douter qu'il ne s'agisse dans ce passage d'une véritable gravure (6).

---

(4) Herod., lib. v, ch. XLIX, Trad. de M. Larcher; éd. 1802, tom. iv, pag. 52. — Le passage grec est conçu en ces termes : Ἔχων χάλκεον πίνακα, ἐν τῷ γῆς ἁπάσης περίοδος ἐνετέτμητο, καὶ θάλασσά τε πᾶσα, καὶ ποταμοὶ πάντες. Herod., ed. Wesseling, pag. 394.

(5) Le texte d'Hérodote porte encore ici mot à mot *gravée* (*loc. cit.*, p. 395). — Le voyage d'Aristagoras à Lacédémone doit être placé à la première année de la soixante-neuvième olympiade, cinq cent quatre ans avant l'ère chrétienne. M. Larcher, *ibid.*, not. 101, pag. 226.

(6) L'usage de graver des plans géographiques sur des planches de métal s'était conservé dans le moyen âge. Charlemagne possédait trois tables d'argent enrichies par des travaux de ce genre. Sur une de ces tables se voyait le plan de la ville de Constantinople ; sur une autre, le plan de Rome ; on avait représenté sur la troisième, par des traits *extrêmement fins et déliés*, la figure des trois parties connues du Monde. Charlemagne, par son testament, légua la première de ces tables au pape, la seconde à l'évêque de Ravenne ; la troisième, qui était plus grande et d'un plus grand prix, fut comprise dans la partie de ses biens qui devait être partagée entre les pauvres et ses héritiers. (*Tertia, quæ ceteris et operis pulchritudine et*

Les anciens touchaient ainsi de bien près à l'art d'imprimer des cartes géographiques ; mais malgré la nécessité de multiplier ces cartes, l'art ne franchit point le faible intervalle qui séparait ici la gravure d'avec l'impression ; les cartes données aux commandans des armées, aux ambassadeurs, aux divers fonctionnaires publics, bien qu'elles pussent être quelquefois exécutées d'après des prototypes gravés, continuèrent chez les Grecs, et ensuite chez les Romains, à être dessinées ou plutôt peintes à la main (7). Telle est encore la *table* dite de *Peutinger*, que l'on croit faite vers le regne de Théodose ou celui de ses fils, et que le tems a respectée (8).

La gravure, considérée en général, peut se diviser en deux genres principaux. L'un renferme toutes les manières de graver où l'artiste représente les objets en creux, en laissant subsister

---

ponderis gravitate multùm excellit, quæ ex tribus orbibus connexa, totius mundi descriptionem subtili ac minuta figuratione *complectitur...... inter hæredes suos...... etc.* Eginhard, *Vit. Caroli Mag.*, apud D. Bouquet, *Rec. des Hist. des Gaules*, tom. v, pag. 106.) On pourrait supposer que les plans dont il s'agit étaient représentés par des incrustations, et non par de simples gravures. Cependant, il y a lieu de croire que si ces tables eussent été en effet incrustées, Eginhard, qui est entré dans beaucoup de détails, n'aurait pas manqué de rapporter un fait aussi important. Des incrustations auraient-elles d'ailleurs été exécutées avec des lames ou des fils assez fins, assez déliés pour que le monde entier fût représenté sur une table qui paraît avoir été placée comme un meuble dans les appartemens du prince ? Quoi qu'il en soit, des incrustations supposent une gravure préliminaire. On sait que les orfèvres modernes ont été conduits à l'impression de la gravure, telle que nous la connaissons, en gravant des planches de cuivre sur lesquelles ils devaient fixer des émaux.

(7) Vitruv., lib viij, cap. 2. — Florus, lib. j, cap. 1. — Sueton. *in Domitian.*, cap. 10.

Cogor et è tabulâ pictos ediscere mundos.
Propert., lib. iv, eleg iij, vers. 37.

(8) On la voit à Vienne, dans la Bibliothèque impériale.

dans sa hauteur première le champ ou la surface plane qui les environne; l'autre renferme toutes les espèces de gravure, où l'artiste représente les objets en relief, en rabaissant tout autour la matière qui leur sert de fond ou de support. On peut ranger dans le premier genre la plupart des inscriptions tracées sur des monumens, les pierres gravées proprement dites, les coins des médailles, et l'espèce de gravure exécutée sur des planches de métal, que nous appelons *gravure en taille-douce*, à cause de la finesse des traits dont elle se compose. Il faut placer dans la seconde les camées, quelques espèces de sigilles ou de cachets en usage chez les anciens, les poinçons qui servent à frapper les matrices où sont coulés nos caractères d'imprimerie, et enfin la gravure en bois, que les artistes appellent *gravure à taille d'épargne*, parce que le graveur, en taillant le fond, conserve ou *épargne* la partie du bois qui doit offrir l'image de l'objet qu'il veut imiter.

Si l'on n'a égard qu'à la gravure elle-même, il y a lieu de croire que la gravure en creux fut inventée avant la gravure en relief. Dans l'enfance des arts, des hommes peu instruits durent concevoir l'idée de creuser sur des pierres ou sur du métal, soit des figures hiéroglyphiques, soit des inscriptions en caractères vulgaires, avant de tailler ces objets en saillie. Si l'on recherche l'origine de l'impression, l'ordre n'est pas le même. L'idée de poser une couleur onctueuse sur les parties saillantes d'une gravure, d'appliquer ces parties ainsi coloriées sur une étoffe, sur un corps quelconque, et d'en imprimer par ce moyen l'image sur la surface de ce corps, cette idée est peu compliquée. Dans l'impression de la gravure en creux, il faut au contraire introduire la couleur dans les traits gravés sur la planche de métal; il faut purger le champ de toutes les traces que cette couleur peut y avoir laissées; on pose ensuite sur la planche un corps souple et humecté, qui, cédant à l'action d'une presse, ou à un frottement modéré, se charge de la couleur renfermée dans les sillons : ces procédés sont plus multipliés, plus difficiles que les précédens ; ils supposent des progrès déjà considérables dans les arts en général.

Dans chacun de ces deux genres de gravures, je veux dire dans la gravure en relief et dans la gravure en creux, si la planche que l'on grave est destinée à l'impression, il faut distinguer encore deux choses différentes, *le trait*, proprement dit, et *les tailles* que l'on peut aussi quelquefois appeler *les hachures*. Le trait indique les contours principaux ; les tailles marquent les ombres ; elles donnent aux objets que l'on représente, de la rondeur, de la saillie ; c'est par les tailles, qu'en imitant les divers accidens de la lumière, on fait fuir les corps, on les fait avancer, et que l'on parvient à rendre tous les effets de la perspective aérienne ; c'est par les tailles qu'un habile graveur, élevant son art à la plus haute perfection, et devenant le rival du peintre, force le burin à exprimer le degré d'intensité, et jusqu'à un certain point, la différence même des couleurs qui animent un tableau. L'art d'imprimer des images coloriées, avec des gravures en relief, au simple trait, présente peu de difficultés ; on parvient facilement à imprimer ces images sur des étoffes grossières, et même sur des corps solides : il n'en est pas ainsi de l'impression d'une planche qu'enrichissent des tailles multipliées et délicates, soit en creux, soit en relief ; cet art exige non-seulement des ouvriers adroits et des instrumens très-perfectionnés, mais encore le concours d'une étoffe moëlleuse, fine, d'un ton clair, telle enfin que ces beaux papiers de coton ou de lin que les anciens ne connaissaient point.

Il suit de tout cela, si l'on considère l'ordre des temps, que l'invention de la gravure en creux devait précéder celle de la gravure en relief ; il s'ensuit encore que l'art d'imprimer des images coloriées sur des gravures en relief devait au contraire précéder celui d'imprimer sur des gravures en creux ; et enfin que l'art admirable d'imprimer des estampes, je pourrais dire *des tableaux*, avec des gravures dans lesquelles des tailles variées concourent par leur accord à imiter, non-seulement les traits du modèle, mais encore les effets du plus brillant coloris ; que cet art ne pouvait naître qu'au sein des lumières, et après d'autres inventions nécessaires à l'accomplissement de ses chefs-d'œuvres. Tel est en effet l'ordre progressif que l'histoire des arts nous présente.

L'impression de la gravure en bois et en relief remonte à la plus haute antiquité. C'est à l'Asie que l'invention en est due. Les Indiens auprès desquels la nature multiplia les substances les plus propres à former des tissus légers et moëlleux, et à composer des teintures ineffaçables ; les Indiens, dès les tems les plus reculés, ne se bornèrent point à peindre à la main, sur leurs étoffes, des figures de fleurs et d'animaux, à donner à la même toile diverses nuances, en la plongeant successivement ou dans des teintures différentes, ou dans la même teinture avec des apprêts différens ; à ouvrer enfin des ornemens sur le métier, dans de riches tissus, soit avec des fils d'or, soit avec des laines ou des cotons de diverses couleurs : l'amour du faste répandu dans toutes les classes de la société les conduisit plus loin : il paraît certain qu'ils apprirent à graver ces mêmes ornemens sur des planches de bois, qu'ils les imprimèrent sur leurs étoffes avec les couleurs les plus brillantes, et qu'ils surent imiter, par ce procédé ingénieux et expéditif, les opérations beaucoup plus lentes et plus coûteuses de la peinture (9). La plupart

---

(9) Hérodote, Strabon, Arrien et d'autres auteurs, font mention en divers endroits des toiles peintes ou *toiles à fleurs*, fabriquées dans l'Inde dès les tems les plus anciens. Strabon dit qu'elles étaient en usage dans toutes les provinces de ce vaste pays. Il les appelle en général, *Στολαὶ ἐυανθεῖς*, *Σινδόνες ἐυανθεῖς*, *toiles à fleurs*, *robes à fleurs*. (Lib. xv, pag. 688, 709.) Malheureusement ces écrivains n'ont pas toujours pris assez de

dès écrivains qui ont parlé de l'Inde semblent avoir été persuadés de la vérité de ce fait :

---

soin pour distinguer les différentes espèces de toiles ou d'étoffes dont ils voulaient parler, et pour nous faire connaître les procédés usités dans la fabrication de chaque espèce. Les anciens employaient indistinctement les noms génériques de *toiles peintes*, de *toiles* ou *étoffes à fleurs*, *toiles* ou *étoffes à figures d'animaux*, pour désigner toutes les toiles et toutes les étoffes ornées de figures coloriées, soit que ces ornemens fussent réellement peints, soit qu'ils fussent exécutés par le moyen d'une teinture, soit qu'ils fussent *brochés* ou formés dans le tissu même de l'étoffe, soit enfin qu'ils fussent imprimés, s'il est vrai, comme il y a lieu de le croire, que ce dernier procédé fût employé dans l'antiquité pour ce genre de fabrication. Les Latins se servaient, pour désigner toutes ces espèces de toiles et d'étoffes, ainsi que les différens vêtemens auxquels elles étaient employées, des noms de *vela picta*, *vestes pictæ*, *togæ pictæ*, etc. Ils appelaient même les étoffes et les toiles brodées *vestes acu pictæ*, étoffes ou habillemens *peints à l'aiguille.* Cet abus de mots subsiste encore parmi nous, relativement aux *toiles peintes* et aux *toiles imprimées* de l'Inde. Il a contribué à mettre de l'obscurité dans l'histoire de l'art de graver en relief et de l'art d'imprimer.

Arrien désigne toutes les espèces de toiles peintes en usage chez les Indiens, sur lesquelles on voyait représentées des fleurs ou des figures d'animaux, par le nom commun de *katastictos*, ou *vestis distincta maculis.* (*Hist. Ind.*, cap. v, ed. Halis Magd., 1798, pag. 32.) Ce mot présente l'idée de *piquer*, de *marquer*, d'*appliquer*, de *frapper.* On l'employait, dans le tems de Pollux, pour désigner les étoffes *brochées.* (Pollux, *Onomast.*, lib. vij, cap. 13, segm. 55.) Il pouvait convenir également aux toiles brodées ou ornées *à l'aiguille.* Il pouvait convenir encore aux toiles *imprimées ;* car l'impression n'est autre chose que l'application d'une marque ou d'un *stigmate* sur une étoffe, ou sur un corps quel qu'il soit ; on sait d'ailleurs que les peuples de l'Inde connurent de tous les temps l'usage qu'ils pratiquent encore, de s'appliquer des *stigmates* sur diverses parties du corps, avec des instrumens sur lesquels ils gravent en relief une fleur de lotus, une coquille, et d'autres images relatives à leur religion. Tieffenthaler, *Géograph. de l'Indoust.*, dans la Descrip. de l'Inde, de Bernouilli, tom. j, p. 398.

Denys le Périégète laisse encore plus à desirer, lorsqu'en parlant des Sères de l'Inde, peuples qui habitaient, soit dans le petit Thibet (Forster, *de Bysso antiquor.*, Lond. 1776, pag. 21), soit entre les sources de l'Hydaspe et celles de

elle nous est attestée par les rapports successifs de tous les voyageurs anciens et mo-

---

l'Indus (d'Anville, *Rech. sur la Sérique*, Acad. des B.-L., tom. xxxij, pag. 601), soit plus loin, vers les bords du Gange, (M. Gosselin, *Nouv. Rech. sur la Sérique*, p. 11 et 12, Extr. du Journal des Savans, juin, 1772), et qu'il ne faut pas confondre avec les habitans de la graude Sérique, il s'exprime ainsi : *En cardant différentes fleurs d'un pays inculte, ils fabriquent des vêtemens diversement ornés et d'un grand prix, semblables, par leurs couleurs, aux fleurs des prairies. Le travail même des araignées ne peut disputer de finesse avec ces belles toiles.*

Αἰόλα δὲ ξαίνοντες ἐρήμης ἄνθεα γαίης,
Εἵματα τεύχουσιν...., etc. *De sit. orb.*, vers. 754 et seq.

Le savant M. Forster a pensé que ces vers désignaient en général *les toiles de coton peintes*, qui se fabriquaient autrefois dans l'Inde, et qui s'y fabriquent encore aujourd'hui *de la même manière:* personne, dit-il, ne peut en douter. (*Ibid.*, pag 27, 83 et 84.) Mais malheureusement le poëte ne dit point par quels procédés les Sères peignaient sur leurs toiles ces ornemens, *semblables aux fleurs des prairies*, qui en augmentaient le prix.

Quelques passages désignent cependant d'une manière assez claire tous les différens procédés que les Indiens mettent encore en pratique de nos jours. Hérodote parle vraisemblablement de peintures faites à la main, lorsqu'il dit, au sujet des peuples qui habitaient le mont Caucase : *Des feuilles broyées et mêlées avec de l'eau leur fournissent une couleur avec laquelle ils peignent sur leurs habits des figures d'animaux. L'eau n'efface point ces figures; et comme si elles étaient tissues, elles ne s'usent qu'avec l'étoffe.* (Liv. I, ch. 203, trad. de M. Larcher; tom. j, p. 165.) Strabon a désigné clairement, tantôt les toiles ornées de fleurs par le moyen de la teinture (*ibid.*, pag. 699 et 712), tantôt les toiles ou les étoffes *brochées* (pag. 718). Il dit ailleurs (pag. 717) que les Indiens écrivaient leurs lettres particulières sur des toiles, avec des caractères fort élégans : ce fait indique très-bien les procédés encore usités pour tracer des dessins avec des plumes de fer ou avec des bambous, sur les toiles qui doivent être peintes. (Sonnerat, *Voyage aux Ind.*, tom. j, pag. 150. — Grandpré, *Voyage dans l'Ind.*, tom. j, pag. 176.) Ce même auteur paraît enfin désigner les toiles *imprimées*, lorsqu'il dit en parlant des Massagètes, peuples qui habitaient vers les bouches de l'Araxe : *Ils forment sur leurs habits des ornemens variés, en y imprégnant des couleurs dont la fraîcheur est inaltérable.*

dernes (10). A défaut d'autres preuves, il suffirait de considérer que cet art d'imprimer les toiles, ainsi que celui de les broder et celui de les peindre, est toujours mis en pratique par les Indiens; qu'il n'existe nul indice sur l'époque où ils peuvent l'avoir appris, et enfin que ce ne sont pas des ouvriers mahométans qui impriment de nos jours les toiles ou les *chites* de l'Inde, que ce sont des Hindoûs, toujours attachés à l'ancienne croyance des Brames (11). Il suffirait de se rappeler l'immutabilité

(Τὴν δ'ἐσθῆτα ποικίλλουσιν ἐπιχρίστοις φαρμάκοις, δυσεξίτηλον ἔχουσι τὸ ἄνθος, lib. xj, pag. 513.) Il ne s'agit dans ce passage ni d'une teinture, ni de dessins tracés à la main, avec des plumes de fer, ou avec des bambous; on y voit *des couleurs empreintes* sur l'étoffe; et l'on ne peut guères douter que Strabon n'ait voulu parler d'une véritable impression.

Les Macédoniens croyaient que c'était Bacchus qui avait introduit dans l'Inde l'usage des *toiles peintes* en général. Strabon a rejeté cette tradition fabuleuse (pag. 688 et 712); Arrien l'a adoptée, pag. 32.

(10) « On achete dans le Coromandel, dit Raynal, des » *toiles imprimées*, dont les procédés, d'abord servilement » copiés en Europe, ont été depuis simplifiés et perfectionnés » par notre industrie. On y achete enfin *des toiles peintes* que » nous n'avons pas entrepris d'imiter..... A ne considérer » que le peu d'invention des Indiens, on serait tenté de croire » que depuis un tems immémorial ils ont reçu les arts qu'ils » cultivent de quelque peuple plus industrieux; mais quand » on réfléchit que ces arts ont un rapport exclusif avec les ma- » tières, les gommes, les couleurs, les productions de l'Inde, » on ne peut s'empêcher de voir qu'ils y sont nés. » *Histoire philosophique*, in-4°, tom. j, pag. 338.

(11) De Laval a déjà fait cette observation dans son *Essai historique sur l'ancien état des arts et des manufactures en Asie.* (Mélanges de littér. étrangere, publ. par M. Millin, tom. ij, pag. 79.) — On peut voir aussi Luillier (*Hist. gén. des voyages*, tom. ix, pag. 613.) — Séronge est une des villes de l'Inde où, suivant le rapport de Tavernier, il se fabrique le plus de toiles *imprimées* : presque tous les habitans sont idolâtres de pere en fils. (Tavernier, *Voyage en Perse et aux Indes*, tom. ij, p. 32.

Il se fabrique dans les Etats du Mogol, où la plupart des habitans sont idolâtres, beaucoup plus de toiles imprimées

du caractère des Indiens : depuis l'époque où ils furent connus des Européens jusqu'aujourd'hui, malgré le fanatisme et la tyrannie des maîtres qui tour-à-tour les ont opprimés, ils ont conservé, presque sans altération, la même religion, les mêmes institutions politiques, les mêmes coutumes, les mêmes mœurs ; nous les avons imités dans plusieurs de leurs pratiques, ils n'ont presque rien appris de nous. Quelques savans ont pensé que les connaissances qu'ils conservaient au temps d'Alexandre, sur les sciences et les arts, leur avaient été transmises par une nation plus ancienne, dont le vaste Empire avait embrassé l'Asie toute entière ; ils ont cru que les Indiens n'étaient déjà à cette époque qu'un peuple vieilli et dégénéré. Quoi qu'il en soit, les ouvrages des Hindoûs modernes sont entièrement semblables à ceux que leurs pères exécutaient autrefois pour les peuples du nord et de l'occident de l'Asie, pour la Syrie et pour l'Egypte. Nous retrouvons imprimées sur leurs toiles les fleurs et les figures d'animaux dont parlent les anciens auteurs ; nous y retrouvons aussi quelquefois, ce qui n'est pas moins remarquable, les images du culte toujours subsistant de *Vichnou* et de *Brahma*. Il semble que les dessins soient toujours également imparfaits ; les ouvriers indiens paraissent n'avoir rien acquis sur ce point, et n'avoir rien perdu. Leurs gravures sont encore

---

que de toiles peintes. « Les toiles peintes, qu'on appelle » *calmendars*, dit Tavernier, c'est-à-dire, faites au pinceau, » se fabriquent dans le royaume de Golconda, et particulié- » rement dans les environs de Mazulipatan ; mais il s'en fait si » peu, que quand on mettrait en besogne tous les ouvriers » qui s'entendent à travailler ces toiles, malaisément pourrait- » on en enlever trois balles. Toutes les chites qui se font dans » l'Empire du Grand-Mogol sont imprimées. » (Tavernier, *ibid.*, pag. 238.) — La ville de CHITPOUR, dans le royaume d'Agra, tire son nom des *chites* (ou toiles imprimées, proprement dites), dont il s'y est fait de tout tems un grand commerce. Thévenot, *Voyage dans l'Indostan*, pag. 117.

faites au simple trait, ou enrichies d'un très-petit nombre de tailles. S'il est vrai que nous ayions reçu de ce peuple antique un art qui a déjà, parmi nous, éprouvé tant de révolutions, ce n'est pas sans doute un spectacle dépourvu d'intérêt, que de le retrouver, au sein de son pays natal, dans le même état d'enfance où il est demeuré pendant deux mille ans.

Les toiles peintes et imprimées, ainsi que les toiles blanches de l'Inde, se vendaient dans l'Egypte et dans quelques parties de l'Europe long-temps avant Alexandre (12). Les Tyriens, et peut-être dans des temps plus reculés, les Egyptiens eux-mêmes les y avaient répandues; elles y étaient connues sous les noms génériques de *Sindones* (13) et d'*Othonia* (14). Les conquêtes

---

(12) Job, cap. XXVIII, vers. 16. — Ezechiel, cap. XXVII, vers. 15, 16 et seq.

(13) Le nom de *Sindon* ou *Sindones* signifie *toiles du Sind ou de l'Indus*. (Jones, *Rech. asiat.*, troisième disc., tom. j, trad. fr., p. 515. — Robertson, *Rech. sur l'Inde*, trad. fr., p. 392. — M. Langlès, *Not. sur des observat. de Fr. Witford; Rech. asiat.*, tom. j, p. 445.) Il vient de celui de *Sind* ou *Sindh*, que les Indiens donnaient anciennement au fleuve Indus (Plin., lib. vj, cap. 20), et qu'ils lui donnent encore. Ce fut par extension que ce nom, d'abord consacré aux toiles de coton de l'Inde, servit ensuite à désigner de belles toiles de différentes espèces, fabriquées dans l'Egypte, dans la Grèce, etc. (*Sindonem fecit et vendidit.* Proverb., cap. xxxj, v. 24.) Suivant l'opinion de M. Langlès, (*ibid.*) le mot de *Sindones* pourrait très-bien se traduire par celui d'*Indiennes*.

(14) Le mot d'*Othonê* et celui d'*Othonion* étaient souvent employés pour désigner différentes espèces de toiles, et même de toiles de lin. (Homer., *Iliad.* lib. iij, v. 141; *Odyss.*, lib. vij, v. 107.) Mais ils étaient particulièrement consacrés aux toiles de coton de l'Inde. (Forster, *loc. cit.*, pag. 11, 67, 75.) Celui d'*Othonion* désignait spécialement les toiles fines. M. Langlès pense que ce mot est dérivé du mot arabe *Qouthoun*, duquel nous avons fait celui de *coton*. (*loc. cit.*, p. 445.) Le docteur William Vincent, qui, à la suite de son savant ouvrage intitulé, *Periplus of the Erythrean sea*, a donné un catalogue alphabétique des articles de commerce mentionnés dans

du héros macédonien, les voyages de Scylax, de Néarque, de Mégasthène, d'Aristobule, durent procurer de nouvelles lumières, et sur les pays d'où elles étaient tirées, et sur l'art de les fabriquer.

Les Grecs d'Europe et les peuples de l'Asie mineure étaient d'autant plus intéressés à s'instruire de ces détails, que l'art d'imprimer les toiles offrait une manière abrégée d'exécuter des ornemens adoptés déjà par le goût général. On sait avec quelle habileté les femmes phrygiennes et les femmes grecques étaient parvenues, dès les tems héroïques, à représenter des fleurs et même des figures humaines, non-seulement dans d'élégantes broderies, mais dans le tissu des étoffes (15).

Sous les successeurs d'Alexandre, le luxe faisant de nouveaux progrès, et l'Egypte étant devenue, par les soins des Ptolémées, le centre d'un commerce toujours croissant entre l'orient et l'occident, l'Inde fut encore mieux connue. De tous les ports du Guzarate, des côtes du

---

le Périple d'Arrien, le traduit par *Mousseline*. (*Appendix*, pag. 40.) Arrien, qui l'a souvent employé en parlant des *mousselines* de l'Inde en général, fines et communes, blanches et peintes, et notamment des toiles fabriquées par les Sères indiens, dont il paraît qu'on apportait en Egypte *de grandes quantités* (Arrian., *Peripl.* apud *Geogr. min.*, tom. j, pag. 5, 9, 22, 24, 29, 32), s'en est servi aussi pour désigner les étoffes de soie de la grande Sérique; mais il a eu soin de faire distinguer ces étoffes d'avec les mousselines, par cette expression particulière, *και τὸ ὀθόνιον τὸ σηρικὸν*, *et l'Othonion le Sérique*; il a eu de plus l'attention d'indiquer la route par laquelle on apportait ces étoffes de soie, de *Thinæ* à Bactra, et de cette derniere ville à Barygaza, aujourd'hui Baroach, dans le golfe de Cambaye, où les Egyptiens les recevaient en échange de leurs propres marchandises. Arrian., *ibid.*, pag. 36.

(15) Homer., *Iliad.*, lib. iij, v. 125; lib. xxij, v. 440. — *Odyss.*, lib. xix, v. 225 et seq. — Euripid., *Iphig. Aul.*, v. 73. — Val. Flac. *Argon.*, lib. v, v. 588; lib. ij, v. 210, 251.

Malabar

Malabar et de celles du Coromandel, les navigateurs égyptiens transportaient à Bérénice, et de là au marché général d'Alexandrie, tous les objets que ces mêmes provinces de l'Inde nous fournissent encore aujourd'hui; ils apportaient notamment dans l'Egypte des toiles de coton de toute espèce, tant *simples qu'ornées de fleurs* (16), *blanches et peintes* (17).

Les Ptolémées voulant réunir dans leurs Etats tout ce que l'industrie des diverses nations produisait de plus riche et de plus élégant, établirent à Alexandrie des manufactures de haute-lisse, où des ouvriers adroits, guidés par des artistes grecs, imitèrent les portières et les tapis, ras et veloutés, ornés de figures, que l'on fabriquait depuis long-temps à Babylone, et ne tardèrent pas à surpasser le travail des Persans (18). Ptolémée-Philadelphe envoya Denis visiter les diverses parties de l'Inde, dans l'objet spécial de recueillir de nouvelles informations sur les productions de ce pays et sur ses manufactures (19). Bientôt il s'établit dans l'Egypte des fabriques de toiles peintes, où l'on parvint à imiter celles des Indiens. Nous savons, par les descriptions qu'Apulée, Claudien et d'autres écrivains ont faites de ces toiles égyptiennes, que l'on y représentait tous les objets

---

(16) Robertson, *Rech. sur l'Inde*; trad. fr., pag. 36.

(17) Arrian., *loc. cit.* — Salmas, *Plin. exercit.*, tom. ij, pag. 824, col. 2. — Raynal, *Hist. phil.*, tom. j, in-4°, pag. 73. — *Othonia picta, vel acu, vel radio, vel pigmentis.* Forster, *loc. cit.*, pag. 79.

(18) Plaut, *in Pseud.*, act. 1, scen. 2, v. 14. — Theocrit. *Idyl.* xv, v. 78 et seq. — Plin. lib. viij, c. 48. — Callixen. apud Athen., lib. v, cap. 6, pag. 197. — Hipparch. apud eumd., lib. xj, cap. 7, pag. 477.

Hæc tibi Memphitis tellus dat munera : victa est
Pectine Niliaco jam Babylonis acus.

MARTIAL., lib. xiv, epigr. 150.

(19) Plin., lib. vj, cap. 17.

peints ou imprimés sur celles de l'Inde, avec des couleurs peut-être moins durables (20), mais également riches. On y voyait, suivant les termes d'Apulée, *des dragons indiens*, *des gryphons hyperboréens*, *des animaux d'un autre monde*, imités avec *un coloris très-varié* (21). Après les folies et les crimes d'Eutrope, dit Claudien, *rien ne doit paraître incroyable; on peut nous offrir des monstres de toute espèce; des tortues qui volent, des vautours armés de cornes, des figures humaines mariées à des coquilles de limaçons, tout ce que l'Inde enfante de bizarre, et qui se retrouve sur les toiles peintes aux bords du Nil* (22).

---

(20) Saint Clément d'Alexandrie, faisant sans doute allusion à ces toiles égyptiennes, ou à d'autres du même genre, dit que l'on peut bien livrer à l'usage des femmes, des étoffes souples et fines, mais qu'il ne faut pas fabriquer de ces toiles *où l'on voit des fleurs coloriées, semblables à des peintures*, (καθάπερ τὰς γραφὰς) *attendu que cette peinture s'efface en peu de temps*. Clem. Alex., *Pædag.*, lib. ij, cap. 10, t. j, p. 237.

(21) *Hinc dracones indici; inde gryphes hyperborei: quos in speciem pinnatæ alitis generat mundus alter. Hanc olympiacam stolam sacrati nuncupant.* (Apul., *Metam.*, lib. xj, tom. j, pag. 388, 389.) — M. Larcher, Goguet, et M. Forster, ont prouvé que le *Byssus*, dont il est question dans ce passage, ainsi que dans divers endroits de la Bible, d'Hérodote, etc., n'est autre chose que *le coton*. (M. Larcher, *trad. d'Hérodote*, liv. ij, not. 305, tom. ij, pag. 357 et suiv. — Goguet, *Orig. des lois*, tom. j, pag. 120 et suiv. — M. Forster, *de Bysso antiq.*; dissertation déjà citée.) L'usage de parer les initiés de robes de coton peintes était sans doute plus ancien que les Ptolémées. Le voile d'Isis était peint de la même manière. (Steph. Le Moyne, *Epist. ad Cuper.*; apud Cuper. Arpocrat., pag. 260.) Mais nous voyons ici qu'au tems d'Apulée, on représentait sur les toiles de cette espèce les figures peintes sur celle des Indiens.

(22) *Jam testudo volat; profert jam cornua vultur;*
. . . .
Jam cochleis homines junctos, et quidquid inane
Nutrit, judaicis quæ pingitur India velis.
CLAUDIAN., in Eutrop., lib. 1, v. 350 et seq.

Heinsius a fait remarquer qu'au lieu du mot *Judaicis*, il faut

Pline nous a fait connaître une des opérations usitées dans ces manufactures. Après avoir tracé des dessins sur la toile avec différens mordans, acides et alkalins, on la plongeait dans un bain de teinture bleue : elle en sortait chargée de trois couleurs; les parties sur lesquelles on n'avait point appliqué de mordant, et qu'on n'avait pas garanties de l'action du bain, devenaient bleues; les figures dessinées avec des alkalis étaient vertes; celles qu'on avait tracées avec un acide étaient rouges (23). Cet art de fixer sur les toiles des figures coloriées, par le moyen de la teinture, fut sans doute une des connaissances que les Egyptiens acquirent dans l'Inde, où il n'a pas cessé d'être mis en pratique. Mais comment ne pas remarquer que ce procédé ingénieux ne suffisait point, lorsque, pour représenter les fleurs ou les animaux décrits par Claudien et par Apulée, le manufacturier voulait appliquer sur la toile plus de trois couleurs? Que font encore aujourdhui les Indiens pour fixer sur leurs belles toiles jusqu'à seize couleurs différentes? Ils associent à des bains de teinture successifs, dans divers cantons, des peintures

---

lire *Niliacis*. (Heins. *ad Claudian.*, ed. Burman., *loc. cit.*) On pourrait croire aussi qu'au tems de Claudien, et même deux siècles avant lui, les Juifs avaient établi des manufactures de toiles peintes semblables à celles des Egyptiens. Saint Clément d'Alexandrie nous l'apprend, en reprochant aux femmes de ne plus se contenter des toiles de coton égyptiennes, de rechercher encore celle des Hébreux et celle des Ciliciens (*Loc. cit.*, pag. 239.) Mais quelque opinion qu'on adopte à cet égard, on doit voir dans le passage de Claudien, que les toiles dont ce poëte fait mention, étaient totalement étrangères au culte, qu'elles étaient fabriquées ou dans l'Egypte ou dans la Judée, et que, dans les images dont elles étaient ornées, les fabricans cherchaient à imiter les toiles peintes ou imprimées de l'Inde.

(23) Plin., lib. XXXV, cap. 11. — M. Ameilhon a expliqué ce passage de Pline, dans son savant ouvrage intitulé, *Histoire du commerce et de la navigation des Egyptiens sous les Ptolémées* (p. 266 et suiv.); et dans un Mémoire où il traite *des couleurs et de la teinture des anciens*. Mém. de l'Instit., Litt. et B.-A., tom. iij, pag. 373, 374.

faites à la main, dans d'autres, des impressions exécutées avec des planches gravées. S'il est vrai, comme tout porte à le croire, que les Egyptiens eussent appris dans l'Inde le procédé de la teinture à trois couleurs, on ne peut douter qu'ils n'y eussent connu pareillement celui de l'impression opérée par des gravures. Ils durent s'approprier tous les moyens employés par les Indiens, puisqu'ils voulaient représenter les mêmes objets, et élever leurs manufactures au même degré de perfection. Il ne leur était pas même possible de les ignorer. Il est donc très-vraisemblable que Pline n'a pas décrit toutes les opérations usitées dans les manufactures égyptiennes.

Pétrone, dans un passage que l'on a souvent cherché à expliquer, dit *que les Egyptiens, par un excès d'audace, ont inventé un abrégé de la peinture* (24). Ce fait, et celui que rapporte Pline, énoncés par deux auteurs contemporains, ne pourraient-ils pas servir à s'expliquer réciproquement, ou plutôt ne sont-ils pas le complément l'un de l'autre? Plusieurs savans ont pensé que l'invention dont parle Pétrone était cette teinture même à trois couleurs, dont Pline a fait connaître les procédés (25). Cette explication est insuffisante. Pétrone

---

(24) *Pictura quoque non aliud exitum fecit, postquam Ægyptiorum audacia tam magnæ artis compendiariam invenit* (Petron. *Satyr.*, cap. 11, ed. Burm., tom. j, pag. 19.) Pétrone compare cette manière abrégée de peindre, à des discours et à des vers dont tous les traits se ressemblent, et dont le coloris manque de vérité : *Ac ne carmen quidem sani coloris enituit; sed omnia quasi eodem cibo pasta, non potuerunt usque ad senectutem canescere.* (Ibid.) Tels sont en effet les traits et les couleurs appliqués sur une toile par l'effet de l'impression.

(25) Gonsal. de Salas, *not. ad Petron.*, ibid., tom. ij, p. 89 et 90. — M. de Paw nie que dans ce passage de Pétrone, il s'agisse des toiles peintes de l'Egypte ; il se fonde sur ce que ces toiles n'avaient que trois couleurs. (*Rech. philos. sur les Egypt.*, sect. iv, pag. 227.) S'il eût remarqué qu'elles devaient ordinairement en avoir davantage, il aurait pu tirer une conséquence toute contraire.

parle d'une invention hardie, audacieuse, d'une invention qui produisait en abrégé quelques-uns des effets de la peinture : un bain colorant pouvait-il opérer seul cette espèce de miracle ? Pour représenter sur leurs toiles toutes les figures peintes sur celles des Indiens, les ouvriers égyptiens étaient obligés de joindre à la teinture décrite par Pline, de nouvelles couleurs, de nouveaux traits, et sur-tout des ombres formées par quelques hachures : ils durent par conséquent, à l'imitation des Indiens, associer à la teinture, tantôt des peintures faites à la main, tantôt, pour opérer avec plus de promptitude et d'économie, des dessins imprimés avec des planches gravées. C'est sans doute de cette association de la teinture et de la gravure, que Pétrone a voulu parler : elle offrait en effet *un abrégé de la peinture :* l'impression seule aurait pu d'ailleurs mériter cette dénomination (26) ?

Julius Pollux, après avoir parlé de la broderie, appelée généralement *l'art phrygien*, ou *l'art de peindre à l'aiguille*, ainsi que des étoffes dont les ornemens étaient formés dans le tissu, et qu'il appelle *katastictoï*, fait mention d'une autre espèce d'étoffe ou de tunique, en grand usage chez

---

(26) Si depuis l'invention de cet art, ou du moins depuis l'établissement des manufactures égyptiennes, la peinture, ainsi que le dit Pétrone, sembla déchoir, il faut attribuer cette décadence à deux causes ; premièrement, à l'imperfection de la gravure employée dans ces manufactures, et à celle du genre d'ouvrages auxquels on la faisait servir ; secondement, à l'influence que les images bizarres inventées par les Indiens exercèrent bientôt sur le goût ; à l'habitude que prirent les hommes riches de se contenter, non-seulement dans leurs habits, mais dans leurs meubles et dans la décoration des palais les plus magnifiques, de peintures faites à la hâte et dénuées de vérité, où l'on ne représentait plus ni les hauts faits des héros, ni les images des dieux, mais ces gryphons, ces dragons, ces tortues volantes, ces hommes à queue de serpens, dont les toiles de l'Inde avaient donné les modèles. Vitruve se plaignait aussi de la décadence de la peinture, et il l'attribuait à la même cause. Vitruv., lib. vij, cap. 5.

les femmes de son tems, où l'on voyait empreintes diverses images, et notamment des figures d'animaux. « Il y a, dit-il, une espèce de tunique, » ornée de diverses figures d'animaux, qu'on a » appelée *sicilienne*, *sarde*, *phrygienne*, à cause » des divers pays où elle est en grand usage parmi » les femmes. On l'a nommée aussi *travaillée* » *une seconde fois* (*Deutérourgué*) ; on a nommé » les ouvriers qui la font, *seconds ouvriers* (*Deu-* » *térourgoî*) ; on l'appelle aujourd'hui *peinte des-* » *sus* (*Epigraphon*) (27). » Divers commentateurs se sont persuadé qu'il s'agissait ici d'une broderie ; mais la broderie, connue de tous les tems, n'a jamais été désignée par des noms aussi incertains, aussi variables. D'autres, rejetant cette fausse idée de broderie, et changeant le nom d'*Epigraphon* en *Epignaphon*, ont cru qu'il était question d'un lavage exécuté par les foulons (28) ? Cette seconde explication est encore moins admissible que la précédente. Pollux a voulu désigner ou les toiles peintes de l'Inde, ou plutôt celles qui se fabriquaient, soit en Egypte, soit dans d'autres pays (29), à l'imitation des toiles indiennes. Lorsque ces toiles étaient faites, de nouveaux ouvriers, suivant l'expression de l'auteur grec, y formaient des ornemens, en y appliquant différentes couleurs, par un travail *épigraphique*. Ce travail était nécessairement ou une peinture, ou une impression, ou plutôt on y voyait associés les trois moyens employés par les Indiens, la teinture, la peinture et l'impression ; il offrait, ainsi que l'invention dont parle Pétrone, *un abrégé de l'art de peindre*.

De tous les faits qui viennent d'être rappelés, on peut conclure que les anciens, et que les Grecs notamment, n'ont point ignoré l'art d'im-

---

(27) J. Poll., *Onomast.*, lib. vij, cap. 17, segm. 77.

(28) Jungermann., *ibid.*, not. 10, pag. 742, 743.

(29) Clem. Alex., *suprà*, pag. 11, not. 3 et 5.

primer des images avec des planches de bois gravées en relief. Il y a du moins dans cette opinion un degré de vraisemblance qui équivaut à une preuve complette.

Sans doute on a droit de s'étonner que les Grecs ayant connu les élémens de cet art, ne l'aient pas retiré des manufactures où il languissait dans une médiocrité inévitable, et qu'ils ne l'aient pas fait servir, en le perfectionnant, à retracer les ouvrages des grands peintres. Où sont, dira-t-on, les chefs-d'œuvres qu'ils ont produits? Mais il faut considérer combien ces gravures des Indiens étaient loin de la perfection à laquelle les artistes grecs étaient accoutumés dans tous les genres d'imitation. L'impression des toiles de l'Inde ne dut guère leur paraître propre à rendre les nobles contours, l'expression vive qui embellissaient leurs divins ouvrages. Il faut joindre à cette réflexion celle que nous avons déjà faite, que les anciens ne possédaient pas comme nous des papiers tout à-la-fois assez fermes, assez souples, assez moelleux pour représenter les détails d'une gravure savante et délicate. L'art de graver en bois, si l'on veut, en multipliant les tailles, rendre tous les effets d'un tableau, renferme d'ailleurs des difficultés excessives et en apparence insurmontables. Les artistes modernes n'ont tenté d'imiter ces effets pittoresques que lorsque les graveurs au burin ont excité leur émulation par des ouvrages déjà très-remarquables, et leur ont fait entrevoir, par cet exemple, la possibilité du succès.

A la fin du quatrième siécle, vers le tems de Claudien, le luxe des chrétiens eux-mêmes, accru de jour en jour, contribuait à perpétuer l'art de former des fleurs et des figures dans de riches tissus, celui de teindre, celui de broder, et vraisemblablement celui d'imprimer des ornemens sur des toiles. L'art d'enrichir des étoffes par des dessins de tout genre, fut porté à cette époque, et dans les siécles suivans, à un degré de perfection que nous pouvons à peine égaler. Une tunique, un manteau renfermait quelquefois jusqu'à six cents figures. On y voyait représentés en différens tableaux la vie entiere de Jésus-Christ, *sa nativité, sa passion, sa sortie du tombeau, les noces de Cana, la résurrection du Lazare, le Paralytique emportant son lit sur ses épaules.* On y voyait aussi, par un mélange bizarre dont les toiles des Indiens avaient donné l'idée, *des lions, des panthères, des ours, des taureaux, des arbres, des rochers, des chasseurs; tout ce que l'art des peintres, qui s'efforcent d'imiter le nature, peut inventer. Les habits de ces chrétiens efféminés*, disait un orateur qui blamait ce luxe, *sont peints comme les murailles de leurs maisons* (30).

Il n'est pas à croire que les manufactures de toiles imprimées, établies dans l'Egypte, dans la Syrie, dans la Cilicie, s'anéantîssent tant que dura cet usage qui leur offrait un nouvel aliment. Nous savons en général que les manufactures d'Alexandrie, de Tyr, de Damas, d'Antioche, où se fabriquaient ces robes à figures, existaient encore après les conquêtes des Sarrazins, lorsque les peuples de l'Occident, attirés dans ces contrées par l'esprit de dévotion ou par l'esprit de commerce, y recueillirent les précieux restes de l'industrie des anciens (31). Celles de Tyr et d'Alexandrie notamment étaient en pleine activité, sous la protection des califes, dans le huitième et le neuvième siécle, pendant les pontificats de Grégoire IV, de Léon IV, d'Etienne VI. Elles fournissaient encore aux chrétiens des tentures et des habillemens où étaient représentés, comme dans les temps précédens, les mystères de la reli-

(30) S. Asterius, Homilia *de divite et Lazaro* (*ed. Ruben.*), pag. 3 et 4.

(31) Les Arabes n'étaient pas aussi ennemis des images que les Turcs, qui ont joint le fanatisme a l'ignorance. Attachés de tous les tems au commerce, ils virent, dans leurs rapides conquêtes, un moyen de l'accroître, et protégèrent tout ce qui pouvait le favoriser.

gion chrétienne, les images des apôtres, et tout à-la-fois les animaux réels ou fantastiques qu'on y voyait au tems de Claudien (32). Les églises de Rome étaient pleines de leurs ouvrages.

D'une autre part, la source où les Egyptiens avaient puisé la connaissance de l'art d'imprimer

---

(32) On voyait représentés sur les tentures et sur les diverses étoffes fabriquées dans ce tems-là à Tyr et à Alexandrie, de même que sur les vêtemens dont parle saint Astérius, différens sujets qui supposent un grand nombre de personnages, tels que l'histoire de la nativité de Jésus-Christ, le massacre des Innocens, la Passion, la Résurrection, la Descente du Saint-Esprit sur les apôtres, etc. On y voyait aussi des griffons, des licornes, des lions, des aigles, des faisans, des chevaux, des fleurs, des arbres, etc. etc. (Anast., *de Vit. pontif.*, in S. Hadrian., in Leon. III, Greg. IV, Leon. IV, Steph. VI; p. 110, 127, 162, 168, 176, 236, etc.). — Nous pouvons nous faire une idée de la beauté des étoffes de soie, que les fabricans d'Alexandrie et que les Arabes eux-mêmes exécutaient, soit dans l'Orient, soit en Espagne, soit en Sicile, dans le dixième et le onzième siècle, par les fragmens trouvés à Paris en 1793, dans le tombeau de Morard, mort en 790, et dans celui d'Ingon, mort en 1025, tous deux abbés de Saint-Germain-des-Prés. Ces fragmens, très-intéressans pour l'histoire des arts, ont été décrits sommairement par M. Le Noir, dans le *Musée des monumens français* (tom. j, pag. 161 à 165.) Ils le seront de nouveau par M. Willemin, dans son ouvrage intitulé, *Monumens français inédits*. Ils ont donné à M. Desmarest l'occasion de faire une savante dissertation sur quelques étoffes du moyen âge, et notamment sur les procédés employés dans la fabrication des étoffes brochées. *Mém. de l'Instit.*, classe des sciences, deuxième semestre, pag. 119 et suiv.

La conservation des manufactures d'Alexandrie, où se fabriquaient les beaux ouvrages à figures dont nous venons de parler, doit faire juger de la durée de celles où l'on imprimait des toiles de coton. Les productions de ces dernières étant d'un débit bien plus considérable, elles ne purent manquer de se soutenir plus long-tems. Il existe encore aux environs d'Alep des manufactures de toiles communes imprimées, à trois couleurs seulement (rouge, violet et blanc), qui paraissent en être une continuation. Ces toiles appelées *chafarcanis*, se vendaient en très-grande quantité dans nos provinces méridionales, avant l'établissement de nos propres manufactures.

n'était pas tarie. Malgré les troubles du moyen âge, le commerce de l'Inde fut toujours également actif. En offrant au luxe des grands, dans presque toutes les contrées de l'Europe, des étoffes de pourpre et de soie, des tissus variés, de riches broderies, il ne cessa jamais de répandre parmi le peuple les toiles imprimées, qui étaient une imitation de ces magnifiques parures. Ces toiles formaient un objet important du commerce des Arabes, des Génois, des Pisans, des Vénitiens, des Catalans, des Marseillois. On les trouve mentionnées plus d'une fois dans les descriptions topographiques et dans les récits des voyageurs, depuis le regne de Justinien jusqu'à l'époque où les Portugais abordèrent au Malabar. Elles étaient en usage dans l'Espagne, dans l'Italie, dans le midi de la France, dans les Etats de Venise, et même dans les villes du nord, où les Vénitiens, les Pisans et les autres commerçans des pays méridionaux avaient pénétré (33).

---

(33) Quand on remarque le goût de tous les peuples anciens pour les *robes à fleurs* en général, on reconnait facilement combien les toiles peintes et imprimées durent être recherchées aussitôt que le commerce de l'Inde les eut fait connaitre. Elles offraient à bon marché à toutes les classes du peuple des habits ornés de couleurs variées, où l'on pouvait retrouver toutes les images tissues dans les étoffes de soie que les riches achetaient au poids de l'or. Strabon dit que dans la Lusitanie, pays pauvre, où les hommes étaient vêtus de noir, les femmes portaient des *robes à fleurs*. (Strabon, lib. iij, pag. 155.) Il est très-vraisemblable que ces robes étaient faites ou avec de véritables indiennes, ou avec des toiles imprimées à Alexandrie, que le bon marché y avait rendues communes. Les toiles de coton de toute espèce étaient très-répandues dans le moyen âge. On voit des fondateurs d'ordres monastiques les défendre à leurs moines ; on en voit d'autres, tels que le fondateur de l'ordre de Saint-Victor, ordonner qu'on les emploie pour des rideaux de lit. (Ducang., *Gloss. inf. lat.*, verb. *Bombax.*) Les écrivains ont rarement fait distinguer les toiles de coton blanches d'avec les toiles imprimées. L'obscurité a redoublé par l'abus du mot *bombix*, qui désigne communément le coton, et qu'on a aussi employé pour désigner

L'art d'imprimer des livres était connu à la Chine, suivant quelques écrivains, plus de 300

---

la soie; ainsi qu'on a employé celui de *bombacinum*, et le mot italien *bombacio*, pour désigner les étoffes de soie.

Cosmas, qui alla visiter les chrétiens de l'Inde, sous le regne de Justinien, s'est contenté de désigner les toiles de coton de toute espece que l'on transportait dans ce tems-là d'Asie en Europe, par ces mots génériques, *καὶ ἕτερα ἱμάτια*, *et les autres marchandises propres à faire des habillemens.* (Cosmas, *Christ. top.*; apud Montf., *Collect. nov. patr.*; t. 2 p. 337.) Elmacin, dans son *Histoire des Sarrasins*, parle plus clairement : il rapporte qu'en l'an 925, Abou-thaher, prince des Carmathes, ayant pris la ville de Koufa, sur l'Euphrate, il fut trouvé dans le butin quatre mille pieces *de toiles coloriées*, (Elmacin, *Hist. Sarac.*, lib. 2, pag. 190.) Benjamin de Tudèle, qui voyageait en 1173, dit que de son temps on apportait de l'Inde dans la Syrie, par le golfe persique, *toute sorte d'habits de soie et de pourpre*, du *chanvre*, *du coton*, et notamment *des indiennes.* (Benjam. Tudel., *itiner.*, pag. 104; traduct. de de Guignes, Acad. des B.-L., tom. xxxvj, p. 477.) Castagneda, en décrivant l'arrivée de Vasco de Gama au Malabar, dit qu'avant cette époque, *les Mores*, *gros marchands*, *et menant grand fait de marchandises*, *avaient rendu la ville de Calécut*, *la plus marchande de toute l'Inde*, et qu'ils prenaient dans cette ville *force linge de coton*, *gros et délié*, *tant blanc comme peint d'autres couleurs.* (F.-L. Castagneda, *Hist. de l'Inde*, trad. par N. de Grouchi; liv. j, ch. 13, fol. 30.) Lorsque les Vénitiens et les Génois eurent établi leur commerce dans l'Orient, les femmes de Venise adoptèrent le voile élégant appelé *Zendale* ou *Zendado*, qu'elles portent encore, et les Génoises se couvrirent du modeste *Mezzaro*, qu'elles ont également conservé jusqu'à présent. Le *Zendale* est de soie; le *Mezzaro* est quelquefois de mousseline, plus souvent d'indienne, c'est-à-dire, de *toile moyenne*, peinte ou imprimée. Ces deux espèces de parure vinrent de la même source. Les Arabes et les Catalans répandaient dans le même temps les indiennes dans l'Espagne. Les femmes de la Catalogne conservent encore, de même que les Génoises, l'ancien usage de porter des voiles faits avec des toiles imprimées. Les Vénitiens, les Génois, les Marseillais, les négocians de Pise, d'Ancône et de Bologne, transportèrent pendant longtems des indiennes dans les Pays-Bas. Ludovico Guichardini semble du moins désigner ces toiles, ainsi que les autres étoffes de l'Inde, par ces expressions : *sciamiti mirabili*, ... *mercerie di seta et d' altro.* (*Descrit. di tutti i Paesi-Bassi*, p. 162.) Ces renseignemens doivent suffire pour nous convaincre que les

ans avant Jésus-Christ. Cette opinion n'a pas été généralement adoptée ; mais ce qui paraît du moins incontestable, c'est que cet art y était pratiqué en l'an 932 de notre ère (34). Les Chinois imprimaient leurs livres, à cette époque reculée, de la même manière qu'ils le font encore aujourd'hui. Chaque page était gravée en relief sur une table de bois. Le papier ne recevait d'empreinte que d'un côté. L'impression se faisait par le moyen de deux brosses : avec l'une l'ouvrier posait la couleur sur la planche ; avec l'autre il comprimait le papier, et lui faisait prendre l'empreinte de la gravure (35). Tel est à-peu-près le procédé qu'employaient nos anciens graveurs, et que suivent encore nos fabricans de cartes à jouer. Dès ce même tems, les Chinois joignaient à leurs livres imprimés des estampes gravées pareillement en bois et en relief. Les King, imprimés en 932, furent accompagnés d'ornemens de cette espèce (36). L'art d'imprimer des toiles existait à la

---

toiles imprimées de l'Inde, de l'Egypte et de la Syrie, ont été constamment en usage dans l'Occident, depuis les Ptolémées jusqu'aujourd'hui, et que par conséquent les procédés de ce genre de fabrication ne purent jamais être un secret pour les Européens.

(34) Mendoz., *Hist. du gr. royaume de la Chine*, liv. iij, ch. xvj, trad. fr., fol. 75. — Ricci, *Christ. exped. apud Sin.*, lib. j, cap. iv, pag. 19. — Couplet, *Tab. chron. monarch. Sin.* pag. 65. — *Memoires concernant les Chinois*, t. ij, p. 453.

(35) Ricci, *loc. cit.*, pag. 19 et 20. — Grosier, *Suppl. à l'Hist. gén. de la Chine*, *de Mailha*, tom. xiij, pag. 742. — Macartney, *Voyage à la Chine*, t. iij, ch. v, p. 371.

(36) Ces figures ont été représentées dans toutes les éditions postérieures. Elles sont réunies dans un ouvrage intitulé : *Lo-King-tou*, ou *Recueil des figures qui se trouvent dans le King*, cité par de Guignes. (*Chou-King*, préf., pag. II.) Quelques-unes sont des hyéroglyphes ; les autres représentent des instrumens de musique, des vases, des habits ; etc. On peut en voir une partie dans le Confucius, *Sin. phil.*, vel *scientia sinensis*, (pag. 38 et suiv.) De Guignes en a fait graver beaucoup d'autres dans l'édition qu'il a donnée du Chou-King, traduit par le pere Gaubil, pag. 319 et suiv.

Chine long-tems avant cette époque. Suivant le rapport d'un savant missionnaire, les Chinois eux-mêmes sont persuadés que ce fut cette ancienne fabrication qui conduisit leurs ancêtres à l'impression des livres (37).

Les élémens de l'art d'imprimer des gravures en relief, d'un art aussi simple dans sa théorie, et dont les productions étaient d'un usage aussi général, ne pouvaient, à l'époque dont nous parlons, être un mystère pour l'Europe. Si les Grecs ne les eussent dérobés aux Indiens sous Alexandre ou sous les Ptolémées, il les auraient connus infailliblement dans les siecles suivans, par l'effet d'un commerce non interrompu, de même qu'ils appirent dans l'Inde l'art de travailler la soie, et d'élever les insectes qui la produisent. Les lumières de l'Orient se dirigèrent vers nous dans tous les temps. Les principes de la gravure ne pouvaient être ignorés des Arabes, poëtes, artistes, commerçans, manufacturiers ingénieux, conquérans intrépides, qui, en étendant leur domination ou leurs courses, d'une part, jusqu'aux frontieres de la Chine (38), de l'autre, jusqu'aux bords de la Loire et aux sources du Rhône, semblaient destinés à mettre les sciences en équilibre dans les deux mondes. Ils ne pouvaient pareillement échapper ni à l'œil avide des Vénitiens, ni aux recherches de cette foule de négocians chrétiens de différentes nations, qui, dès le neuvième siécle, et même auparavant, parcouraient toutes les contrées de l'Asie, avec le desir de connaître les richesses de ces pays industrieux et d'en profiter (39).

---

(37) *Mémoires concernant les Chinois*, t. ij, p. 453, 454.

(38) Les Arabes, que le commerce appelait à la Chine dans le neuvième siécle, étaient en si grand nombre, que l'empereur leur avait permis d'avoir à Kang-Tong un cadi ou juge de leur nation. *Anc. Rel. des Indes*, par deux voyageurs mahométans, trad. par Renaudot, pag. 9 et 10. — Renaudot, *ibid.*, pag. 141, 142. — De Guignes, *Notices des manuscrits du roi*, tom. j, pag. 163.

(39) On sait combien dès le tems de Justinien, il y avait

Les Européens enfin ne discontinuèrent jamais, pendant le moyen âge, d'employer l'art de graver en relief et celui d'imprimer, à des cachets, à des estampilles, à des monogrammes, et à des lettres séparées, dont ils se servaient pour divers usages. Les cachets de ce genre, dont il existe encore un grand nombre dans les cabinets des curieux, renferment les noms et les prénoms des personnes auxquelles ils appartenaient. Les lettres dont ils se composent sont taillées en relief; le fond est très-évidé; on les enduisait d'une matiere colorante; la pression fixait cette couleur sur l'étoffe ou sur le papier (40). Les instituteurs employaient quelquefois des lettres gravées en relief pour enseigner à lire aux enfans (41). Quelquefois aussi les écrivains se

---

déjà de Chrétiens dans l'Inde, et même à la Chine. Plusieurs villes de l'Inde avaient des évêques, des moines, un clergé. (Cosmas, *Christ. topogr.*, apud. Montf., *Collect. nov. patr.*, tom. ij, lib. iij, pag. 178, etc. — Renaudot, *Remarq. sur les anc. relat.* déjà citées, pag. 228 à 270.) Dans une révolution qui eut lieu à la Chine, en l'an 877, il périt à Kang-Tong cent vingt mille etrangers, Mahométans, Juifs, Chrétiens et Parsis, qui étaient établis dans cette ville, ou qui étaient venus y trafiquer. Ce fait est rapporté par deux Arabes, dont l'un voyageait à la Chine l'année même où cette révolution eut lieu; l'autre écrivait vers l'an 947. (*Anc. rel. des Indes*, pag. 51 et 52. — De Guignes, *Notices des manuscrits du roi*, tom. j, pag. 12.) Lors même qu'il faudrait supposer de l'exagération dans le nombre de cent vingt mille, il serait toujours certain qu'il y avait à cette époque un très-grand commerce entre la Chine, l'Inde et la Syrie, de même qu'il y en avait un très-actif entre la Syrie, l'Egypte et l'Europe.

(40) Manni, *Osserv. istor. sopra i sigilli de' secoli bassi*; tom. j, ragionamento dell' uso de sigilli, pag. 26, 27. — *Mus.* Kircher., pag. 170, 171, 172. — Les sigilles de cette espèce étaient aussi appelés *Characteria.* Ils étaient souvent employés comme des griffes, pour imprimer des signatures. Mabillon, *De re diplom.*, cap. x, pag. 110, 111; cap. xv, pag. 132; cap. xxij, pag. 164 et 166.

(41) *Fiant ei litteræ vel buxeæ, vel eburneæ, et suis nominibus appellentur. Ludat in eis, ut et lusus ejus eruditio sit. Et*

servaient de moules pour tracer les contours des lettres majuscules dans des manuscrits d'une exécution recherchée ; ils ornaient ensuite ces traits de diverses couleurs avec le pinceau (42). C'est ainsi que dans les toiles de l'Inde, les contours des figures sont souvent imprimés, tandis que les milieux sont de véritables peintures (43).

Il doit suivre de ces différentes remarques, que l'art de graver en relief et d'imprimer des fleurs et d'autres ornemens, des figures d'animaux, et même des figures humaines, ne cessa jamais d'être cultivé par les peuples de l'Occident, depuis les conquêtes d'Alexandre jusqu'aux tems modernes. Cette conséquence, il est vrai, tend à ravir aux artistes allemands, ou aux Italiens, l'honneur auquel ils prétendent également d'avoir inventé la gravure en bois ; mais elle restitue une propriété légitime à l'Europe entiere, et particulièrement au moyen âge, dont l'ignorance dans les arts ne fut pas aussi profonde qu'on l'a souvent répété. Nous avons porté la gravure à un

---

non solùm ordinem teneat litterarum, sed et ipse inter se crebrò ordo turbetur, et mediis ultima, primis media misceantur ; ut eas non sono tantùm, sed et visu noverit. S. Hieronym. *ad Lætam*, Epist. LVII, tom. IV, colon. 592.

(42) Bullet, *Rech. hist. sur les cartes à jouer*, p. 131. — Breitkopf, *Essai sur l'origine des cartes à jouer*, tom. ij, pag. 6, 7, 152, 154.

(43) Les fabricans du moyen âge connaissaient l'art de gauffrer les étoffes. Des fragmens trouvés dans le tombeau d'Ingon, dont nous venons de parler, en offrent un exemple. (M. Le Noir, *Mus. des Monum. fr.*, tom. j, pag. 161. — M. Desmarets, *loc. cit.*, pag. 158.) Cette opération se fait par le moyen de deux planches de fer ou de cuivre : sur l'une les ornemens sont gravés en relief ; sur l'autre ils sont gravés en creux. L'étoffe pressée entre ces deux planches correspondantes, que l'on a soin d'échauffer, s'étend dans les parties creuses, et les ornemens paraissent en relief sur la surface principale. Ces procédés assez compliqués, dont la gravure est la base, sont evidemment une suite de l'art d'imprimer sur des toiles des dessins coloriés.

si haut degré de perfection, que nous ne devons point envier à des siécles appelés *barbares*, le mérite de s'y être appliqués, et de nous en avoir transmis l'héritage.

Ces remarques donnent un nouvel appui aux conjectures des écrivains qui ont fait remonter l'antiquité de quelques ouvrages de gravure au 13ᵉ, au 10ᵉ et même au 9ᵉ siécle. Les recherches de ces savans confirment à leur tour nos preuves. L'histoire de la gravure peut devenir complette, si on reconnaît que les Grecs n'ignorèrent point cet art, et que la pratique n'en fut jamais interrompue.

Les anciens livres à figures, gravés sur des tables de bois, tels que *la Bible des pauvres*, *l'Art de mourir*, *l'Histoire de saint Jean* et autres de ce genre, furent sans doute très-multipliés avant l'invention de l'imprimerie en caractères mobiles. Les différences que l'on remarque entre les exemplaires qui nous restent, et la diversité des langues dans lesquelles on les trouve traduits, en sont une preuve (44). Tous ces exemplaires, qu'ils soient ou non antérieurs à l'invention de Guttemberg, sont évidemment des répétitions d'éditions faites dans des tems plus reculés. Ils n'ap-

(44) Heinecken a reconnu cinq éditions différentes de la Bible des pauvres, et il a décrit avec soin les particularités qui les font distinguer. (*Idée gén. d'une collect. d'estampes*, pag. 306 et suiv.) Plusieurs exemplaires de ces différentes éditions sont enluminés. Nyérup dit en avoir vu un manuscrit, en ancienne langue saxo-danoise, dont les tableaux étaient richement peints. (Nyérup, *Librorum qui ante reformationem in scholis Daniæ legebantur*, *notitia*. Copenhague, 1784, pag. xxj. — Camus, *Notice d'un livre imprimé à Bamberg en* 1462, pag. 10.) Dans tous ces livres à images, on voit, au-dessus, au-dessous ou à côté des figures, tantôt les noms des personnages, tantôt des sentences ou des passages de la Bible, gravés pareillement en relief. — M. l'abbé de Tersan possède dans son riche cabinet un grand carré d'indienne, sur lequel sont représentés les mystères des incarnations de Wischnou : chaque figure est accompagnee d'un nom ou d'une description en sanscrit.

partiennent

partiennent nullement aux savantes écoles qui brillèrent à la renaissance des arts. Copiés sur d'autres copies, faits la plupart dans des cloîtres, ils ne présentent que les restes d'un art depuis long-temps dégradé. On en sera convaincu, si on considère le style roide et ignoble de ces différentes gravures, et si l'on remarque, d'une autre part, combien, à l'époque où la plupart de ces exemplaires qui subsistent encore durent être exécutés, c'est-à-dire, vers le commencement ou le milieu du 15e siécle, la peinture régénérée avait déjà produit de beaux ouvrages en Italie, à Venise, et même dans la Flandre.

Une ancienne tradition attribue les gravures originales de la Bible des pauvres, à saint Anscharius, religieux de l'ordre de saint Benoît, archevêque d'Hambourg et évêque de Brême, mort en 865. On a remarqué en outre que deux planches de cet ouvrage sont entièrement semblables à deux bas-reliefs en pierre qui se voient dans la cathédrale de Brême; que ces bas-reliefs existaient avant l'an 1062; qu'ils appartenaient à une suite plus nombreuse, dont la plus grande partie a été détruite, et qu'enfin l'invention de ces bas-reliefs est attribuée aussi par la tradition à S. Anscharius (45). Le concours de la tradition et de cette ressemblance parfaite qui existe entre les bas-reliefs et les gravures, est en effet d'un très-grand poids. Rien n'empêche par conséquent d'adopter une tradition à l'appui de laquelle concourent d'ailleurs les plus grandes probabilités (46) : mais nous ne saurions regarder ni saint

(45) Heinecken, *ibid.*, pag. 319 et suiv. — Breitkopf, *Essai sur l'origine des cartes à jouer*, tom. ij, pag. 82. — La Bible des pauvres (*Historiæ veteris et novi testamenti, vulgò Biblia pauperum*) est ordinairement composée de quarante planches. Une seule édition moins ancienne que les autres en a cinquante. On suppose que ces quarante gravures peuvent être des imitations d'un nombre égal de bas-reliefs dont deux seulement subsistent encore.

(46) S. Ancharius, moine du couvent de Corbie, homme

Anscharius, ni tout autre moine de ce siécle, comme l'inventeur de l'art d'imprimer des gravures en bois. Cet âge pouvait sans doute conserver des connaissances acquises; il serait difficile de croire qu'il eût le mérite d'une aussi belle invention. Nous ne féliciterons donc point l'Allemagne d'avoir inventé à cette époque un art nouveau : nous lui saurons gré d'avoir cultivé dans des tems d'orage un art précieux, qu'elle devait elle-même dans la suite élever à la perfection la plus étonnante.

Papillon raconte qu'en l'an 1719 il vit, dans les mains d'un officier suisse, neuf estampes gravées en bois, et reliées en un même volume, qui avaient été dédiées au pape Honorius IV. Ce pape monta sur le trône pontifical l'an 1285, et mourut l'an 1287. Les gravures dont il s'agit, durent par conséquent être terminées dans l'une des trois années qu'embrassent ces deux époques. Ces estampes représentaient des sujets pris dans l'histoire d'Alexandre. Au-dessous des principales figures étaient gravés leurs noms. Le dessin, suivant le témoignage de Papillon, était demi-gothique; quelques tailles peu régulieres formaient les ombres; l'impression paraissait avoir été faite avec de l'indigo à la détrempe. Les auteurs étaient deux jeunes gens d'une origine illustre, Alexandre-Albéric Cunio et Isabelle Cunio, frère et sœur jumeaux, nés à Vérone, parens du pape Honorius, et âgés seulement de seize ans. Le livre avait été donné par le comte Cunio, leur père, à un des ancêtres du propriétaire, qui le conservait comme un mo-

---

instruit et zélé, appelé l'*apôtre du nord*, prêchait l'évangile aux Danois et aux Saxons, à l'époque où le culte des images, défendu avec chaleur par l'église latine contre le fanatisme des empereurs d'orient, faisait chaque jour de nouveaux progrès, non-seulement en Italie, mais jusqu'au fond de l'Allemagne. Il était contemporain de Grégoire IV et de Léon IV. Le papier de coton était déjà connu en Allemagne de son temps.

nument précieux et honorable pour sa famille. Quoique ce fait très-remarquable ait été rarement cité, nous ne craindrons point de le placer parmi les vérités qui doivent devenir historiques (47); mais les enfans dont parle Papillon n'inventèrent pas plus la gravure que S. Anscharius. Nous ne croirons pas même que ces deux jeunes gens, nés à Véronne, contemporains du Florentin Cimabué, fussent ses éleves, et que la gravure soit née dans l'atelier de ce peintre célebre. S'il en était ainsi, les savans italiens n'auraient pas manqué de nous en instruire; l'histoire et les ouvrages d'Albéric et d'Isabelle Cunio, ou de tout autre élève de

(47) Heinecken a passé ce fait sous silence. Il a en même-tems versé le mépris à pleines mains sur l'ouvrage de Papillon, qu'il dit plein de fables, de bévues et d'absurdités. (Pag. 151, 239; not. l; pag 239, not. n. Papillon est tombé en effet dans bien des erreurs; mais lorsqu'il s'agit d'un fait dont il est témoin oculaire, il ne peut exister aucune raison de rejeter son témoignage. Cet écrivain n'avait nul intérêt à tromper le public. Il est entré d'ailleurs dans des détails qui doivent faire accorder à son récit une pleine croyance. L'ouvrage dont il parle lui fut montré par un officier suisse appelé M. Gréder. Il appartenait à un autre officier suisse, nommé M. Spirchtvel. Jean-Jacques Turine, natif de Berne; un des ancêtres maternels de M. Spirchtvel, et petit-fils de celui à qui le comte Cunio l'avait donné, avait écrit de sa main sur le dernier feuillet l'histoire des deux jeunes auteurs. Ces différentes personnes doivent être considérées comme autant de témoins. On ne peut pas plus supposer que ces militaires suisses eussent fabriqué des pieces fausses, pour attribuer d'anciennes gravures à des Italiens, qu'on ne peut suspecter la bonne-foi de Papillon. Le fait en lui-même n'offre d'ailleurs rien d'invraisemblable; il ajoute seulement une nouvelle preuve à celles que nous avons déjà rapportées sur l'antiquité de l'art. M. l'abbé Zani a réclamé ces gravures en faveur de l'Italie, dans son ouvrage intitulé, *Materiali per servir alla storia dell' incisione in rame e in legno* (pag. 83 et seq.) On peut en voir la description, ainsi que l'histoire intéressante des deux jeunes Cunio, écrite par Jean-Jacques Turine, et traduite en français; dans l'ouvrage de Papillon. *Traité hist. et prat. de la grav. en bois;* tom. j; pag. 83 à 92.

Cimabué, qui aurait inventé l'art, seraient connus du monde entier. La filiation des maîtres qui avaient instruit ces deux enfans remonte par conséquent plus loin (48).

Pour se former une idée juste de l'état des arts dans l'Occident, pendant les 13e, 14e et 15e siècles, il faut distinguer deux écoles contemporaines. L'une, que l'on pourrait appeler l'Ecole gothique, fondée sous les Romains, dans l'Italie, la Germanie et les Gaules, terminait sa longue carrière, en croyant suivre encore les principes des anciens qu'elle ne connaissait plus : l'autre, ramenée à l'observation de la nature par Cimabué, et même avant lui par Guido de Sienne, nourrie de bonnes études, déjà pleine de vigueur, s'approchait chaque jour de la perfection dont la première s'était de plus en plus éloignée. La jeunesse de cette nouvelle école nous est très-connue; la vieillesse de celle qu'elle remplaça l'est beaucoup moins.

Parmi les écrivains qui ont recherché l'origine des cartes à jouer, quelques-uns se sont persuadé que l'impression de la gravure en bois avait été inventée pour la fabrication des cartes, et qu'ils connaîtraient par conséquent le degré d'antiquité de cet art, si l'époque de l'invention des cartes leur était connue. Cette opinion est évidemment une erreur. Quelque anciennes que puissent être les cartes à jouer, le culte des saints l'est encore davantage, et l'art d'imprimer avec des moules de bois avait précédé même les images des saints.

---

(48) Les peintres du treizième et du quatorzième siècles employaient des instrumens de fer ou de cuivre gravés en relief, pour imprimer des ornemens en or dans les fonds de leurs tableaux, et sur les vêtemens de leurs personnages. Ils imitaient, par ce moyen, les dessins des tapisseries, et ceux des étoffes brochées, brodées, imprimées ou gauffrées. On voit des ornemens de cette espèce dans les tableaux faits par les Grecs de ces tems là, dans ceux de Guido de Sienne, qui peignait en 1221, d'Andrea Tafi, de Margaritone, de Cimabué, etc. Cet usage dut être beaucoup plus ancien.

Les cartes étaient connues en France en l'an 1328, ou du moins dans l'espace de temps écoulé entre les années 1328 et 1342 (49). L'invention de ce jeu est cependant encore plus ancienne. Les cartes étaient défendues en Espagne en 1333 (50),

---

(49) La preuve de ce fait se trouve dans un passage d'un roman intitulé, *le Renard le contrefait*. Ce passage est ainsi conçu :

Si comme fols et folles sont
Qui pour gaigner au bordel vont
Jouent aux dez aux cartes aux tables
Qui a Dieu ne sont délectables

Fol. 95, première colonne.

L'auteur de ce roman dit l'avoir commencé en 1328, et avoir travaillé treize ans à le composer.

Tant y pensa et jour et nuit
En l'an mil iij c xxviij
En avalant y mist sa cure
Et continua l'escriture
Plus de xiij ans y mist au faire

L'ouvrage fut, par conséquent terminé en 1342. — Le P. Menestrier croyait que les cartes avaient été inventées en France, sous Charles VI, en 1393. (*Bibliothéque curieuse et instructive*, tom. 2, pag. 194.) Bullet, qui en attribuait également l'invention aux Français, la faisait remonter au temps de Charles V, vers l'an 1376. (*Rech. hist. sur les cartes à jouer*, pag. 30 et suiv.) Méerman a reculé cette invention sous le même regne jusqu'à l'an 1367. (*Origin. typogr.*, tom. j, pag. 222.) Toutes ces autorités s'écrouleront devant un passage d'un roman. — Je dois la connaissance de ce passage intéressant à M. Van Praet, l'un des savans conservateurs de la Bibliothéque impériale. Le manuscrit original sur lequel je l'ai collationné est déposé au cabinet impérial des manuscrits. Il vient de la bibliothéque Lancelot, et porte le n° 6985. L'auteur dont le nom est inconnu était de Troyes en Champagne.

(50) Rive, *Eclaircissemens historiques sur l'invention des cartes à jouer*. (Extrait de sa notice sur le roman d'Artus), pag. 10 et suiv.

et connues en Italie dès l'an 1299 (51). Vers la fin du quatorzième siécle, elles furent proscrites par les prédicateurs, et prohibées par les ordonnances des rois, dans la plus grande partie de la chrétienté. Malgré cette prohibition, il s'en fabriquait des quantités prodigieuses. Elles étaient peintes pour les grands, gravées et enluminées pour le peuple. Ce furent principalement les Vénitiens et les Allemands qui s'attachèrent à cette fabrication. Il paraît que les Espagnols et les Siciliens étaient les plus forts consommateurs. Les ouvriers seuls de la ville d'Ulm en remplissaient chaque année un grand nombre de tonneaux, qui étaient transportés en Sicile, et dans d'autres ports de la Méditerranée (52).

En 1441, les graveurs de Venise représentèrent au sénat que leur commerce était totalement détruit par l'immense quantité d'images de saints, de cartes à jouer, et d'autres ouvrages imprimés et enluminés qu'on apportait du dehors. Le sénat défendit l'introduction dans les Etats de la République, non-seulement des cartes à jouer, mais encore de toute espèce d'ouvrages *peints ou imprimés, soit sur papier, soit sur toile*. Ce décret mérite une grande attention, en ce qu'il rappelle l'art d'*imprimer sur toile*, auquel furent appliqués en Europe les premiers essais de l'art de graver en relief (53). Il nous prouve que les

---

(51) Les cartes sont mentionnées dans un ouvrage intitulé, *Trattato del governo della famiglia*, écrit en 1299, par Sandro di Pippozzo di Sandro. Le passage est ainsi conçu : *Se giucherà di danari, o cosi, o alle carte, gli apparecchiarai la via.* Tiraboschi, stor. della letterat. ital., tom. vj, part. II, pag. 458, 459. — *Vocab. della Crusca*, verb. *Carta*.

(52) Heinecken, *loc. cit.* pag. 245. — Breitkopf, *Essai sur l'origine des cartes*, tom. ij, pag. 9. — La passion des Espagnols et des Siciliens pour les cartes est un des motifs qui peuvent faire croire que ce jeu nous vient des Arabes, ainsi que les échecs.

(53) La requête est conçue ainsi qu'il suit : MCCCCXLI. *A di XI otubrio. Conciosia che l' arte e mestier delle carte, et figure*

Vénitiens avaient établi chez eux depuis fort longtemps des manufactures de ce genre. Nous ne conclurons donc point de ce décret avec Heinecken, que les Allemands imprimèrent des cartes avant d'avoir imprimé des images de Saints, et que ce fut pour servir à la fabrication des cartes qu'ils inventèrent la gravure (54). Il est évident, au contraire, que la gravure était connue très-anciennement à Venise, de même qu'en Allemagne, puisqu'en 1441, le commerce auquel elle donnait lieu était déjà ruiné. Il est évident, ainsi que l'a remarqué le savant Breitkopf, que ce fut la grande dextérité acquise par les ouvriers allemands et par les vénitiens, dans l'art de graver, soit des images de saints, soit d'autres objets, qui les rendit propres à imprimer des cartes à meilleur marché que leurs concurrens, aussitôt que cette fabrication leur fit espérer de nouveaux profits (55).

---

stampide, che se fano in Venezia è vegnudo a total deffaction, e questo sia per la gran quantità de carte da zugar, e fegure depente stampide, le qual vien fate de fuora de Venezia, a la qual cosa è da meter rimedio.... Séa ordenado, e statuido.... che da mo in avanti non possa venir over esser condutto in questa terra aloun lavorerio de la predicta arte, che sia stampido o depento in tela o in carta, come sono anchone e carte da zugare, e cadaun altro lavorerio de la so arte facto à penello e stampido. (*Raccolta di lett. sulla Pitt.*, tom. v, pag. 321.) Tommaso Temanza qui a découvert cette requête, ainsi que le décret, dans les registres des arts et métiers de Venise, pense que ces mots : *e fegure depente stampide,.... facto a penello e stampido*, désignent des gravures enluminées. (*Ibid.*, pag. 322.) Heinecken en a jugé de même. (*Loc. cit.*, p. 246.) Nous voyons ici, par conséquent, des gravures en bois imprimées sur toiles et sur papier, et en outre des gravures enluminées.

(54) Heinecken, *loc. cit.*, p. 245, 246, 249, 251.

(55) Suivant l'opinion d'Heinecken, les premiers graveurs en bois furent appelés *Briefmaler*, *Peintres de cartes*. (*Loc. cit.*) Breitkopf fait remarquer au contraire que dans la Souabe, les fabricans de cartes s'appelaient autrefois des *faiseurs d'images*; il dit qu'à Ulm notamment toute feuille imprimée sur bois, s'appelle encore en langage vulgaire *Halgen* ou *Haeglein*, *un*

Il existe dans quelques cabinets un petit nombre d'exemplaires d'une de ces images de Saints, qui occupèrent long-temps le loisir des moines. Elle représente S. Christophe traversant un bras de mer et portant l'Enfant-Jesus. La composition est entiérement gothique; le trait est sec, lourd et grossier; à peine voit-on quelques hachures dans les draperies. L'impression a été faite avec un frotton, à la manière des cartes. Cette pièce porte la date de 1423 (56). Heinecken la regarde comme une des premières compositions historiques des artistes qui s'étaient formés en gravant des cartes. Malgré notre respect pour les opinions de cet habile connaisseur, nous rejetons au contraire cette gravure, ainsi que beaucoup d'autres à-peu-près semblables, qu'il dit lui-même avoir trouvées dans des couvens, parmi les derniers ouvrages de la vieille école, qui depuis plusieurs siécles gravait des images de Saints. L'ancienne routine était alors sur le point d'expirer. La date de 1423 n'indique point la naissance d'un art inconnu auparavant : elle marque un des degrés les plus bas où devaient descendre la gravure et le dessin des anciens, conservés, ou plutôt dégénérés dans les cloîtres (57).

Saint ou *des Saints*; et il pense qu'on peut faire remonter la gravure des images de Saints en Allemagne, jusqu'au neuvième siècle. *Loc. cit.*, tom. ij, pag. 153 à 157.

(56) A droite, auprès du Saint, on voit un hermite qui l'éclaire avec une lanterne; à gauche, est un paysan assis sur sa monture, qu'il conduit vers un moulin; du même côté, sur la croupe d'une montagne, on voit un autre paysan qui porte un sac. Cette pièce a dix pouces et demi de hauteur; elle est excessivement rare. On peut en voir un exemplaire à Paris, dans le cabinet impérial. Heinecken dit en avoir trouvé un exemplaire enluminé dans la Chartreuse de Buxheim, près de Memmingen. *Loc. cit.*, pag. 250.

(57) Il faut ranger pareillement parmi les productions de la vieille école, les gravures jointes à plusieurs ouvrages publiés dans les premiers temps de l'invention de l'imprimerie : celles, par exemple, d'une édition des Fables d'Esope, traduites en

Nous sommes arrivés à l'époque mémorable où fut inventée l'impression de la gravure en creux. Notre sujet va s'agrandir et inspirer un nouvel intérêt. Il ne s'agira plus seulement dans l'histoire des temps que nous allons parcourir, de toiles imprimées, de sigilles, d'estampilles ou de cartes à jouer, grossiérement exécutées : nous allons voir l'art du burin devenir dans des chefs-d'œuvres inconnus à l'antiquité, l'imitateur et en quelque sorte le rival de la peinture.

Tandis qu'un moine de Buxheim, ou de Memmingen, traçait la figure gothique de Saint-Christophe dont nous venons de parler, une lumière nouvelle brillait sur quelques cités régénérées de l'Italie, de la Belgique et de l'Allemagne. Jean Van Eyck, né en 1370, avait inventé dans la ville de Maaseyk la peinture à l'huile; le dôme de Florence s'élevait sous le compas de Brunelleschi; une des portes de bronze du baptistaire de Saint-Jean de la même ville, admirable ouvrage de Laurent Ghiberti, venait d'être terminée (58); Taddeo Gaddi, Simon Memmi, le Masolino, perfectionnant l'art de Cimabué, avaient montré aux peintres la vérita-

---

allemand, imprimée à Bamberg, en 1461, par Albert Pfister, in-fol., dont on voit un exemplaire à Paris, à la Bibliothéque impériale; celles de l'Allégorie sur la mort, du livre de Joseph, etc., publiés par le même imprimeur, en 1462, in-fol.; celles d'un poëme sur les guerres et la mort de Charles-le-Hardi, duc de Bourgogne, imprimé à Strasbourg, en 1477, in-fol., et plusieurs autres du même genre.— Par l'effet d'une ancienne habitude, les figures imprimées sur nos cartes à jouer nous offrent encore aujourd'hi le style des gravures antérieures à la régenération des arts.

(58) Le célebre concours dans lequel Laurent Ghiberti fut choisi pour exécuter ces belles portes que Michel-Ange jugeait dignes d'être les *portes du Paradis*, eut lieu en 1401. Ce concours marque une des grandes époques de l'histoire des arts. J'en ai rappelé les particularités dans mon ouvrage intitulé, *Recherches sur l'Art statuaire considéré chez les anciens et chez les modernes*, (Paris, 1805), pag. 419 et suiv.

ble route, où marchait déjà le Masaccio (59), précurseur de Léonard de Vinci, de Michel-Ange et de Raphaël. Les ouvrages de ces habiles maîtres semblaient solliciter les secours de la gravure qui devait non-seulement assurer leur immortalité, mais exercer encore une heureuse influence sur les progrès des arts et des sciences en général.

L'ancien papier fait avec le papyrus, quelquefois très mince, mais toujours rude, perméable à l'encre et sujet à s'écailler (60), avait été depuis long-tems remplacé par le papier de coton, dont les Indiens enseignèrent la fabrication aux Grecs et aux Arabes, et que ces deux peuples commencèrent à répandre dans l'Europe au neuvième siécle (61). Les Espagnols avaient substitué le lin au coton; les Français y avaient substitué le chanvre (62); le papier de lin s'était répandu en Allemagne dès l'an 1315 (63); et enfin, par l'emploi, soit du chanvre, soit du lin, et par un effet du perfectionnement des manufactures européennes, les graveurs avaient à leur disposition un papier plus serré, et cependant plus doux, plus moëlleux que le papier de coton lui-même, un papier vraiment propre à recevoir et à conserver les traits les plus déliés de leurs ouvrages.

Nous avons dit que sous le regne de Charlemagne, ainsi que dans l'antiquité, les graveurs au burin traçaient des plans géographiques sur des planches de métal. Les orfévres et les armuriers

---

(59) Le Masaccio naquit en 1401, et mourut en 1443.

(60) Plin., lib. xiij, cap. 12.

(61) Montfauc., *Académie des B.-L.*, tom. vj, pag. 505, 506. — *Nouveau Traité de Diplom.*, tom. j, p. 517. Breitkopf, *Essai sur l'origine des cartes à jouer*, tom. j, p. 50 et suiv.

(62) Breitkopf, *loc. cit.* — M. Mongez, *Recherches sur l'emploi du chanvre dans l'antiquité*; Mém. de l'Inst. de Fr.; classe de littér. et beaux-arts, tom. v, pag. 472, 473.

(63) Wehrs, *Du papier, et des matières employées à l'écriture avant l'invention du papier*, pag. 312, 361. — M. Bodmann, *Encore un mot sur le Diplôme de Schwandner*, §. 1 et 27.

cultivaient, dans ce même tems, deux autres arts dont la gravure était la base. L'un était la *damasquinure* (64), pratiquée par les Grecs avec le plus grand succès : l'autre était l'art de *nieller*, également connu des anciens, porté par les Florentins au plus haut degré de perfection, et aujourd'hui totalement abandonné. Tout le monde sait que, dans la *damasquinure*, des ornemens en or ou en argent, sont inscrustés sur un métal ordinairement moins brillant qui leur sert de fond : dans la *niellure* au contraire, après avoir gravé des dessins d'une finesse quelquefois prodigieuse sur un fond d'argent ou d'or, on faisait pénétrer un mélange de plomb, d'argent et de cuivre en fusion, dans les creux les plus déliés tracés par le burin. L'effet de cette matiere *noirâtre*, attachée à un fond clair, était à-peu-près le même que celui du crayon noir sur une surface blanche (65). D'habiles burinistes représentaient, par ce

---

(64) On peut consulter relativement à la damasquinure, une dissertation de M. l'abbé Francesconi, intitulée, *Di un' urnetta lavorata all' agemina*, Venez. 1800.

(65) Les mots italiens *niello* et *niellare* viennent du latin *nigellum*, noirâtre. — Les procédés de l'art de *nieller* nous ont été conservés par Benvenuto Cellini, dans son Traité *dell' orificeria*, (lib. j, pag. 11 à 13, ed. 1568), et par Vasari (*Introd. alle tre arti del Dissegno*, cap. 33, tom. j delle Vite, pag. LXI, ed. 1759.) Ils avaient été décrits longtemps auparavant, avec beaucoup de détails, par Theophilus Monachus, qu'on croit avoir vécu vers le 10e siecle, dans son ouvrage intitulé, *De omni scientia artis pingendi*. Cet écrivain enseigne les moyens de composer le mélange métallique appelé *nigellum*; il dit aussi comment il faut répandre ce mêlange en fusion sur la planche déja gravée, nettoyer ensuite la planche et la repolir. *Et frica super omnia loca quæ denigrare volueris, donec tractus omnes pleni sint; ablatumque ab igne, cum limâ æquali diligenter plana, donec argentum sic appareat ut vix tractus considerare possis, et sic cum rasorio ferro lima, rugas diligenter erade*, etc. Les chapitres 27, 28, 31, 40 et 71 du livre iij, consacrés à cet art, n'ont point été publiés par Raspe, dans sa collection intitulée, *A critical essay on oil-painting* (Lond. 1781), où il a placé des fragmens de l'ouvrage de Theophile. On peut les voir

moyen, sur des poignées d'épées, sur des bijoux servant à la parure des femmes, sur des boîtes, sur des croix, et notamment sur des planches d'or ou d'argent de quelques pouces de hauteur, appelées *des paix*, parce qu'elles étaient destinées à recevoir le baiser de paix dans les céré-

---

dans les Mémoires d'histoire et de littérature, tirés de la bibliothèque du duc de Wolfenbuttel, par Lessing, où ce traité extrêmement intéressant pour l'histoire de la peinture, de la gravure et de l'orfévrerie, est imprimé en entier. Ils seront imprimés de nouveau dans le bel ouvrage que M. le sénateur Durazzo se propose de publier sur la gravure, et particulièrement sur les *nielli*. Cet illustre amateur suivra dans cette édition une copie qu'il a bien voulu me communiquer, faite par les ordres du comte Jacques de Durazzo, son oncle, ambassadeur d'Autriche auprès de la république de Venise, dans le siecle dernier, sur un manuscrit du 12e siecle (in-8o, sur parchemin), conservé à Vienne dans la bibliothèque impériale.

Théophile n'est pas le seul écrivain du moyen âge qui parle de l'art de *nieller*. Nicéphore, archevêque de Constantinople, envoya des bijoux ornés de *niello*, au pape Leon III, en l'an 811. Sa lettre se voit dans les Annales de Baronius (tom. xiij, pag. 484.) — Cet art qui avait déjà pénétré chez les Russes au temps de Théophile, était cultivé en France à une époque plus reculée. Les Marseillois y excellaient sous les rois Clotaire II et Dagobert. Un abbé, Léodebod, légua au monastère de Saint-Pierre de Fleuri, par son testament fait en l'an 646, deux coupes en argent doré *niellées*, fabriquées à Marseille : *Scutellas duo minores Massilienses deauratas, quæ habent in medio cruces niellatas.* (Helgaud., apud Duchesne, *Hist. Fr. Script.*, tom. iv, pag. 61.) Il est fait mention d'étriers *niellés* et d'épées *niellées* dans le roman de Garin de Loherans, composé sous le roi Louis-le-Jeune :

Affichiez s'est ens estriers noelez.
. . . .
Cors ot gaillard et espié noelé.

On trouve d'autres passages relatifs à la *niellure* dans Ducange (*gloss. med. et inf. lat.*), aux mots *nigellum*, *nigellatus*) *niellatus*, et dans le dictionnaire étymologique de Ménage, aux mots *nelure et nillée.*

L'art de *nieller* était chez les anciens une branche de l'art de peindre en encaustique.

monies religieuses, des ornemens étrusques, des arabesques, des portraits et même des compositions historiques.

L'art d'imprimer des estampes sur des planches gravées en creux naquit enfin de l'art de *nieller*. Ce fait, sur lequel on a souvent élevé des doutes, est aujourd'hui confirmé par les preuves les plus authentiques. La date qu'on cherchait aux environs de l'an 1460, est désormais fixée à l'an 1452 ; et par une rencontre assez remarquable, cette époque est la même que celle où Guttemberg et Faust imprimaient à Mayence leur première Bible latine sans date.

Maso Finiguerra, natif de Florence, orfévre et sculpteur, élève de Laurent Ghiberti et de Masaccio (66), exécutait en 1452 *une Paix* ornée de *niello*, pour la confrérie des ouvriers et des commerçans en laine de sa patrie. Avant de répandre le *niello* sur la planche déjà gravée, avant même de terminer la gravure, voulant juger des progrès de son travail, il prit, suivant l'usage pratiqué dans cet art, une empreinte avec de l'argile ; sur cette argile, où les traits étaient en relief, il coula des épreuves en soufre ; et dans les sillons du soufre, il répandit du noir de fumée qui lui représentait les effets du *niello*. Pour apprécier ces effets sur un fond plus clair, il conçut l'idée d'imprimer des épreuves sur un papier humecté, ainsi que le faisaient les graveurs en bois. Cette belle expérience fut ensuite répétée avec une encre plus durable, sur la planche d'argent, lorsque l'artiste l'eut enrichie de nouveaux travaux, et Finiguerra obtint de véritables estampes, sur cette planche qu'il avait gravée dans une autre intention.

---

(66) Baccio Bandinelli, nelle *Lett. pitt.*, tom. j, pag. 75. — Baldinucci, *Notiz. de' Proff. del disegno*, ed. Manni, tom. iv, pag. 2. Le savant Manni a fait une erreur évidente, lorsque, dans sa note sur ce passage de Baldinucci, il a supposé qu'un Thomas Finiguerra, mort en 1424, était le même que celui qui *niella* la paix de l'église de Saint-Jean-Baptiste.

Par un concours de circonstances heureuses, tous les monumens employés à ces premiers essais subsistent encore : deux épreuves en soufre se voient dans le cabinet de deux illustres amateurs ; une épreuve sur papier, peut-être unique, où les travaux sont plus avancés que dans les soufres, vient d'être découverte à Paris, dans le cabinet impérial (67); la Paix qui fut *niellée* après ces di-

---

(67) L'un de ces soufres appartient à M. Seratti, qui était gouverneur à Livourne à la fin du siecle dernier. On y voit encore les traces du noir de fumée que Finiguerra avait répandu dans les creux. (M. Zani, *Materiali per servire alla stor. dell'incis. in rame*, pag. 47. — M. Seratti, *Brev. Dissert. sopra lo Zolfo di M. Finiguerra*, aggiunt. all' ist. op. di M. Zani, pag. 217.) L'autre se voyait autrefois dans le Musée du célebre A. F. Gori, qui l'a décrit dans son ouvrage intitulé, *Thesaurus veterum diptychorum* (tom. iij, pag. 315.) Il a passé après la mort de ce savant dans le riche cabinet du comte de Durazzo. M. le sénateur Durazzo l'a fait graver et a bien voulu me communiquer une épreuve de cette gravure encore inédite. En la comparant avec l'estampe du cabinet impérial, j'ai eu l'occasion de reconnaître que le travail de la gravure était bien plus avancé lorsque Finiguerra imprima cette estampe, que lorsqu'il coula l'épreuve en soufre. Toutes les parties de la composition se ressemblent parfaitement ; mais dans le soufre, on ne voit presque que les premiers traits, et dans l'estampe, tout est fini avec une délicatesse exquise. Le soufre ayant été coulé sur une argile, offre les objets tels qu'ils se présentent sur la *Paix niellée;* les noms de saint Augustin et de saint Ambroise, ainsi que l'inscription, *Assumpta est Maria in cælum, gaudet exercitus angelorum*, se lisent de gauche à droite. Dans l'estampe qui fut imprimée sur la planche d'argent, ces inscriptions se présentent au contraire de droite à gauche. On voit à la finesse du burin et à la fermeté du coloris, que cette estampe dut être tirée sur la planche d'argent lorsqu'il ne restait plus qu'à la *nieller*. Ces monumens nous dévoilent ainsi toutes les opérations successives de Finiguerra. La gravure du soufre de M. le sénateur Durazzo fera partie de l'ouvrage que nous prépare cet ami des arts. On y verra aussi gravés un assez grand nombre de bijoux d'argent *niellés*, et en outre des copies de vingt-six épreuves d'autant de différens *nielli*, tirées par des orfévres florentins et lombards qui voulurent imiter Finiguerra, recueillies par des artistes

verses opérations, est à Florence, dans l'église de Saint-Jean-Baptiste, pour laquelle elle fut faite ; le registre même sur lequel fut consigné le paiement fait à l'artiste, en l'an 1452, a été épargné par le temps (68). Un savant connaisseur, dont nous nous faisons un devoir de proclamer le nom, M. l'abbé Zani, a reconnu à Paris l'estampe de Finiguerra; il a confronté les divers monumens, et a donné, par ce rapprochement, la preuve complette de l'origine de l'art : c'est à lui que l'Europe en est redevable (69).

L'ouvrage de Finiguerra est aussi remarquable par la beauté de l'exécution que par son antiquité. Il représente l'Assomption, ou plutôt le couronnement de la Vierge. Sur une surface de quatre pouces huit lignes de hauteur, et de trois pouces deux lignes de large, il offre quarante-deux figures, distribuées, il est vrai, avec symétrie, suivant l'esprit du tems, mais avec beaucoup d'intelligence. Le burin est fin et spirituel; le dessin et l'expression même annoncent un très-habile maître (70).

---

de la famille Gaddi, et acquises d'un membre de cette famille par le comte de Durazzo. On sait que le cabinet de M. de Durazzo renferme quarante-cinq mille estampes de toutes les écoles, rangées par ordre chronologique, suivant la naissance des peintres, et présentant l'histoire la plus complette de la peinture et de la gravure.

(68) Gori, *Thes. vet. Dyptic.*, tom. j, pag. 316. — *Lett. pitt.*, tom. ij, pag. 268. — M. Lanzi, *Stor. pitt.*, tom. j, pag. 87.

(69) M. Zani a fait l'histoire de sa découverte dans son ouvrage intitulé, *Materiali per servire alla Storia*, etc. (Parma 1802, in-8°.), que nous avons déjà cité. On peut voir dans cet ouvrage (pag. 200) une copie gravée de l'épreuve du cabinet impérial.

(70) Maso (ou Thomaso) Finiguerra naquit à Florence, vraisemblablement vers l'an 1418. (M. Zani, *loc. cit.*, p. 37, 39.) — M. Hubert donne la description de vingt-quatre pièces provenant du cabinet du baron de Stosch, et appartenant aujourd'hui à M. Otto de Leipzig, qu'Heinecken avait jugées originales, et qui lui avaient paru de la main de cet artiste. Manuel des amateurs de l'art, tom. iij, pag. 30 et suiv.

A peine l'Italie venait d'inventer l'art, l'Allemagne en offrait déjà des productions très-nombreuses et également étonnantes. Un burin net, ferme, vif, des traits légers et hardis, caractérisent les ouvrages de Martin Schoen, appelé par les Français *le beau Martin*. Cet artiste, qui était peintre et orfévre, né à Culmbach, vers l'an 1420, paraît avoir gravé depuis l'an 1460 jusqu'à l'an 1486, époque de sa mort. Il a laissé environ 150 pièces, parmi lesquelles on en remarque un grand nombre qui sont véritablement prodigieuses pour l'esprit de la composition, le caractère et l'expression des têtes, la délicatesse des détails, et même la perspective et les effets de la lumière (71).

L'impression de la gravure en creux fut-elle inventée dans le même tems en Allemagne et en Italie ? on ne pourrait hasarder sur cette question que des conjectures : le fait concernant Finiguerra est au contraire incontestable ; et il est d'ailleurs reconnu que cet artiste ne fit point un secret de sa découverte.

Les premiers progrès de l'art ne furent pas rapides. Baldini et Sandro Botticelli demeurèrent loin de Finiguerra dont ils suivirent les traces (72). Si l'un des deux Israël Van-Mecheln

---

(71) Nous pouvons citer entre autres, parmi les pièces qui nous paraissent les plus remarquables, deux Nativités (nos 2 et 3 de la Notice de M. Hubert, Man. des amateurs, tom. j, pag. 108 et 109), douze pièces représentant la Passion, le grand portement de croix, la mort de la Vierge, et la Tentation de S. Antoine, morceau fameux, qui a souvent été copié. Ces estampes se trouvent à Paris, dans la collection du cabinet impérial. Elles font également partie du beau cabinet de M. Nitot-Dufrene : ce savant connaisseur possède plus de vingt-deux mille estampes, choisies avec autant de goût que d'intelligence, parmi lesquelles on remarque tout ce que la gravure a produit de plus accompli et de plus rare depuis Martin Schoen et Botticelli jusqu'aujourd'hui.

(72) Baccio Baldini naquit à Florence en l'an 1436. Cet artiste a gravé, d'après les dessins de Sandro Botticelli, les

approcha

approcha de l'artiste de Culmbach, ce ne put être que le fils, et vers ses dernières années (73). Robetta et Benedetto Montagna sont plus dignes d'attention pour le dessin que pour la gravure. Antoine Pollajuolo qui les avait précédés, dessinateur encore plus savant, eut le mérite d'entreprendre de très-grandes planches ; il parvint à imiter le travail facile du crayon, par des hachures allongées et serrées, qui, en revenant sur elles-mêmes sans s'interrompre, se croisent en forme de fuseau ; mais cette invention servit peu à l'avancement de l'art, et fut

---

trois estampes qui ornent le livre intitulé, *Il Monte Sancto di Dio*, imprimé à Florence, en 1477 ; premier ouvrage qui ait été publié avec des vignettes gravées sur métal. Il a gravé aussi, et toujours d'après les dessins du même peintre, les deux premières planches de l'édition du Dante, donnée à Florence, avec des commentaires de Landini, en 1481. Il en existe dix-sept autres, extrêmement rares, qui n'ont point été imprimées sur les feuillets du livre, mais séparément. Gaburri ne croyait pas pouvoir les attribuer à Baldini ; il les supposait d'une main moins exercée. (*Lett. pitt.*, tom. ij, p. 268, 269.) M. l'abbé Lanzi a adopté cette opinion. (*Stor. pitt.*, tom. j, p. 82, 83.) — Sandro Botticelli naquit à Florence en 1437. On distingue parmi les gravures qui lui sont attribuées, vingt-quatre pieces représentant des prophètes, douze représentant des sibylles, et sept paysages, (grand in-folio), représentant les travaux de la campagne, et appelés *les sept planètes*. Strutt a donné, à la fin du premier volume de son *Biographical dictionary of Engravers*, une copie de la planète de Vénus.

(73) Les deux Israël Van-Mecheln marquaient l'un et l'autre leurs ouvrages, tantôt J M, tantôt J V M, etc. Le père naquit à Mecheln, bourg de Westphalie, en 1424 : le fils mourut à Backolt, bourg de l'évêché de Munster, en 1523. On ne distingue ses gravures d'avec celles de son père que par le mérite de l'exécution. — Mathieu ou Martin Zagel a, dans son burin, la même finesse que Martin Schoen ; il montre quelquefois un grand talent dans l'art de ménager la lumière ; sa pièce représentant un homme et une femme qui s'embrassent dans une chambre, est à cet égard un chef-d'œuvre bien étonnant. Mais cet artiste est généralement sec, et son dessin est souvent gothique. On croit qu'il était orfèvre. Il naquit vers l'an 1430. La pièce dont nous parlons porte la date de 1503.

bientôt abandonnée ; ses teintes sont d'ailleurs monotones, et ses concours durement ressentis (74). Andréa Mantégna est le plus habile maître de ces premiers tems : son travail qui ressemble à celui de Pollajuolo, est plus moelleux et plus varié. Habile peintre, il avait ennobli son style par l'étude de l'antique ; ce grandiose, retracé dans ses estampes, l'élève au-dessus de tous les graveurs ses contemporains (75).

Quel que fût le mérite de ces anciens maîtres, leurs ouvrages étaient loin sans doute des chefs-d'œuvres de Vorsterman, de Schelte Bolswert, de Corneille Visscher, de Pontius, de Poilly, de Nanteuil, d'Edelinck, de Drevet, de Gérard Audran. L'art, encore enfant, devait faire de longues études avant de parvenir à la perfection où ces hommes illustres l'ont su conduire. Orgueilleux de ses succès, il devait ensuite s'abandonner à de séduisantes erreurs ; il devait sacrifier les effets pittoresques de ses modèles à la régularité d'un burin éblouissant, vaincre de vaines difficultés, et négliger les beautés les plus essentielles.

---

(74) Cet artiste naquit à Florence en 1426, et mourut dans la même ville en 1498. Il était orfèvre, peintre, et habile ouvrier en *niello*. (Vasari, *Vit. d'Ant. et P. Pollajuoli*, tom. j, pag. 439.) Sa pièce principale représente un combat à l'épée entre dix hommes nus : cette pièce a environ vingt pouces de large sur quinze de haut.

(75) Vasari a induit plusieurs écrivains en erreur sur les époques de la naissance et de la mort d'André Mantegna. Cet artiste naquit aux environs de Padoue en 1430, et mourut en 1506. (Lanzi, *Stor. pitt.*, tom. ij, p. 38, et tom. iij, p. 456.) Il a gravé quelquefois sur de l'étain, ainsi que Baldini et Botticelli. Ce métal a donné à ses estampes un coloris terne et grisâtre. On en voit aussi quelques-unes qui paraissent avoir été imprimées au rouleau ; d'autres ont été gravées sur cuivre, le coloris en est bon, elles paraissent imprimées avec une presse. — Les deux frères Jean-Marie et Jean-Antoine de Bresse suivirent le procédé inventé par Pollajuolo et adopté par Mantegna. Il ne parait pas que cette manière de graver ait été employée après eux.

Qu'est-ce que la gravure, telle que nos grands maîtres l'ont considérée ? quel est son but ? quels sont ses moyens ? Avant de pénétrer plus loin, il convient d'examiner rapidement ces questions intéressantes. Si nous parvenons à fixer nos idées sur l'essence de l'art, il nous sera plus facile de porter de justes jugemens sur le mérite des artistes les plus célebres.

Les opérations du graveur sont trop lentes, ses erreurs sont trop difficiles à réparer pour qu'il entreprenne d'imiter la nature directement : il place entre elle et lui, soit un tableau, soit un dessin : c'est de ce modèle secondaire qu'il doit tracer une représentation avec toute la fidélité que ses moyens lui permettent.

Le graveur, dans les genres les plus usités et les plus capables de produire de grands effets, n'emploie que deux couleurs, celle de la surface qui lui sert de fond, et celle qu'il y imprime. Il ne considére dans ses modèles que les formes des corps et les lumières qu'ils réfléchissent, ou plutôt il ne retrace que les ombres plus ou moins fortes, qui, par l'opposition, font ressortir et les contours et les lumières. La couleur brune qu'il fixe sur un fond clair, il ne l'étend point comme le peintre sous les touches d'un pinceau moelleux ; il l'applique par des points plus ou moins rapprochés, par des traits tantôt parallèles, tantôt inclinés les uns à l'égard des autres, qui se courbent, qui se croisent, qui forment entre eux des carrés, des lozanges, des triangles, et dont les couleurs propres aux corps vivans n'offrent nulle part l'image.

La beauté individuelle que nous admirons, et dans les contours, et dans le coloris varié de tous les êtres, n'existe pour le graveur que dans l'élégance et la noblesse de leurs formes ; les affections de l'ame ne se manifestent pareillement dans ses ouvrages que par les attitudes du corps et par la contraction des traits. Il imite, dans une grande composition, tous les effets pittoresques qui peuvent être rendus par le rapprochement ou l'isolement des figures et des groupes, par la direction des lignes, par des saillies ou des fuyans, par le contraste, ou plus vif, ou plus gradué des clairs et des ombres : son art ne saurait aller plus loin.

La gravure ne renferme ainsi que deux parties, le dessin et le clair-obscur. La perfection consiste par conséquent dans ce double mérite : justesse du dessin ; vérité, chaleur, harmonie des lumières.

La régularité, la souplesse des traits que creuse sur le cuivre une main habile, ne sont que des moyens pour dessiner et pour colorer de la seule manière permise à la gravure, c'est-à-dire en opposant des clairs à des ombres. Au-delà de ce but, les contours les plus hardis du burin deviennent eux-mêmes un vice. Les effets de la gravure doivent être brillans et énergiques, ses moyens doivent être cachés. Les points, les carrés, les lozanges que le graveur substitue au coloris de la nature, blessent les regards aussitôt qu'ils les frappent d'une manière particulière. S'ils captivent trop l'attention, l'harmonie générale est troublée, l'illusion cesse ; ils refroidissent alors l'ouvrage qu'ils devaient animer ; ils rappellent l'impuissance de l'art, au lieu d'en faire admirer les ressources.

La fidélité du dessin, disons-nous, est le premier objet où doivent tendre les efforts du graveur : cela est évident, puisque c'est par le dessin seulement que se retrace dans une estampe la beauté des corps, par le dessin seulement que le burin parvient à exprimer les affections morales dont l'imitation ne lui est pas interdite.

Parmi les effets de la lumière, après avoir saisi les clairs et les ombres qui déterminent les formes particulières de chaque figure, un habile graveur s'attache d'abord à imiter ceux qui dans l'ensemble de la composition marquent les distances, font avancer ou reculer les corps, en fixent la place, et persuadent, par une agréable illusion, que l'air circule dans les divers plans du tableau. Il sait, en imitant le peintre, subordonner les parties au tout, et appeler nos regards vers les objets où réside l'intérêt le plus vif. La perspective, l'accord des lumières et des plans sont à l'ensemble de l'ouvrage, ce que la vérité des contours et des raccourcis est à chaque figure et à chaque groupe.

L'art a produit enfin un chef-d'œuvre accompli, si, à ces beautés essentielles et fondamentales, se joignent un burin varié, chaud, hardi, brillant sans abus, tantôt fin et délicat, tantôt profond et vigoureux, un ton généralement ferme, des lumieres larges, différentes entre elles, savamment ménagées, qui fassent en quelque sorte oublier que l'œil n'aperçoit que deux couleurs.

Tel est l'ordre des beautés qu'un goût exercé recherche en appréciant des gravures. L'art ne peut s'en écarter qu'en s'éloignant de son but. Des couleurs fraîches font souvent pardonner dans une peinture l'imperfection du dessin; mais les plus brillans effets de lumière ne sauraient ni dissimuler, ni excuser dans une estampe l'absence des beautés premières qui tiennent à la composition, au choix des formes, à l'expression. Dans un art qui n'emploie que deux couleurs, la perspective et l'harmonie générale sont un mérite plus indispensable que l'éclat et la richesse des tons; le dessin est avant tout. Lorsque l'on consulte une estampe, en admirant l'habileté du graveur, c'est principalement l'ouvrage du peintre qu'on veut connaître. Le graveur doit par conséquent imiter d'abord le peintre dans toutes les choses où il lui est possible de l'imiter parfaitement : il doit exprimer la pensée du peintre toute entière; il doit l'imiter dans le développement des contours, dans les mouvemens qui manifestent les affections de l'ame, dans l'accord de l'ensemble, dans l'effet général; et ce n'est enfin que pour l'imiter en tout, qu'il doit chercher, autant qu'il est possible, à rendre encore la vivacité, l'éclat particulier de quelques-unes des teintes locales qui embellissent le tableau. Une estampe où les traits de l'original sont défigurés, est semblable à un miroir infidèle, qui nous trahit quand nous y cherchons notre image.

On a dit quelquefois que la gravure est une traduction. C'est Gessner, Diderot, Hagédorn, qui ont mis cette comparaison en crédit. Elle est ingénieuse, mais inexacte. Les formes des langues n'étant pas les mêmes, le traducteur est presque toujours obligé de substituer aux tours adoptés par l'auteur original, ceux qui en approchent le plus dans son propre idiome. Ce ne sont pas seulement les mots, ce sont aussi les figures, ce sont les tournures particulières de chaque phrase qui sont remplacés par d'autres ; le style est matériellement changé. Le graveur, au contraire, calque trait pour trait son ouvrage sur le tableau ; non-seulement il conserve l'ensemble de la composition, mais il retrace encore chaque objet avec les contours et le relief que présente le modèle original ; la copie est nécessairement littérale ; toutes les parties de la peinture qui constituent ce qu'on nomme le style y demeurent matériellement les mêmes. Les effets du clair-obscur, la force, la place, l'étendue des clairs et des ombres sont déterminés aussi par le tableau. Dans l'imitation de ces divers objets, rien n'est arbitraire. Les couleurs locales, c'est-à-dire, les couleurs propres à chaque corps, sont étrangères à la gravure ; elle ne les remplace pas, comme on l'a dit, par des équivalens ; elle est forcée de les négliger. Si on voulait toutefois considérer comme une sorte de traduction ces points, ces lignes que le graveur substitue aux touches du peintre, ou bien encore les moyens par lesquels il parvient à imiter l'éclat ou le ton mat de quelques couleurs principales, en exprimant l'intensité ou la faiblesse des lumières qu'elles réfléchissent, ce rapprochement ne serait pas entièrement dépourvu de justesse : mais des rapports aussi éloignés ne suffisent point pour que l'on puisse assimiler dans son ensemble l'art de graver à l'art de traduire. Quelle que soit l'autorité des écrivains qui ont appelé la gravure une traduction, nous proscrirons donc, autant qu'il est en nous, cette dénomination trompeuse, ou nous demanderons du moins que la comparaison sur laquelle elle est fondée soit resserrée dans de justes limites. On sait dans combien d'erreurs l'abus de quelques mots séduisans entraîna les artistes à diverses époques. L'art de la gravure serait perdu, si le graveur se croiait permises les licences que doit prendre le traducteur.

Loin de rabaisser l'art, nous relevons au contraire en ceci la gloire des grands maîtres, puisque nous rappelons les difficultés qu'ils ont dû vaincre, les écueils qu'ils ont dû éviter. Combien en effet un habile graveur est digne d'éloges, lorsque, réduit à copier dans un tableau quelques-unes seulement des beautés qui le distinguent, il les rend avec tant de vérité, avec tant de feu, que le spectateur, oubliant la partie du coloris qu'il était impossible de représenter, croit en quelque sorte voir le tableau lui-même! De quelle chaleur doit être doué cet homme ingénieux! Quelle vivacité de sentiment pour saisir tous les traits, tous les effets de lumière de l'original! Quelle constance pour les retracer tous sur une matière rebelle, et dans un long travail, d'une main tout à la fois sage et énergique! Juste envers tous les grands hommes, la postérité associe Marc-Antoine à la gloire de Raphaël; Vosterman, Bolswert à celle de Rubens et de Van Dyck; Gérard Audran et Edelinck à celle de Le Brun : cet arrêt est confirmé chaque jour par le goût.

Pour obtenir cette variété de tons qui nous charme dans quelques belles gravures, les artistes ont successivement inventé des genres de travaux différens. Ces procédés devaient nécessairement se réduire à un petit nombre; mais ils semblent se multiplier dans les ouvrages d'un habile maître par des associations et des oppositions heureuses.

Tantôt, les tailles que creuse le burin en dessinant une figure, savamment prolongées, embrassent sous leurs diverses inflexions un membre tout entier; tantôt, raccourcies avec intelligence, elles forment des hachures qui font sentir les moindres saillies des muscles et la souplesse des chairs. Ces tailles sont plus déliées ou plus nourries ; elles sont d'une égale force dans toute leur longueur, ou bien, conformément aux lois de la perspective, elles se renflent vers le milieu, et s'amincissent à leurs extrémités. Une première taille ayant arrêté les contours et posé les masses, une seconde, ordinairement plus déliée, la croise pour renforcer les ombres, et forme avec elle, ainsi que nous l'avons dit, tantôt des carrés, tantôt des lozanges. Si les traits sont fins, et les lozanges alongés, ce travail délicat laisse briller plus de blanc ; si les lozanges se rapprochent de la forme carrée, on peut, sans confusion, nourrir les traits et les resserrer, pour produire plus d'ombres. Quelquefois, sur la seconde taille, qui forme des carrés avec la première, l'artiste, pour donner aux tons plus de vigueur, en grave une troisième qui forme des lozanges avec la seconde ; quelquefois, mais plus rarement, renversant cet ordre, il coupe la première en lozange et la seconde en carré, et multiplie par là les petits triangles lumineux qui se trouvent mêlés parmi les ombres. Une seconde taille plus mince, qui se glisse parallèlement entre les traits de la première, et qu'on appelle une entretaille, produit un effet brillant, qu'un homme de goût sait employer à propos. Les tailles, quoiqu'elles paraissent se prolonger, ne décrivent pas toujours des lignes non interrompues : on peut donner au coloris un ton léger, en traçant des sections de tailles, qui se suivent avec régularité, et laissent entr'elles des intervalles lumineux. Les points qui servent également à empâter les chairs, à mitiger ou à renforcer les ombres, peuvent être ronds ou alongés, distribués avec symétrie ou semés sans ordre, employés seuls ou placés dans les carrés, dans les lozanges, entre les tailles, entre les fractions de tailles. On grave au burin pur ou à l'eau-forte seule ; on marie aussi l'eau-forte avec le burin. La pointe qui ouvre la route à l'eau-forte, et que le graveur conduit comme un crayon, peut être légère, vive, rapide dans ses mouvemens ; elle se prête à l'enthousiasme , et s'anime du feu qui échauffe le pinceau des grands maîtres : le burin plus lent , conduit en avant sous le poignet de l'artiste, décrit des contours plus réguliers , ménage des arêtes plus vives : en associant dans un même ouvrage ces deux genres de gravure, une main savante y réunit à la vigueur de l'eau forte , le brillant et le velouté du burin. La pointe sèche , c'est-à-dire la pointe qui agit sans eau forte , unie à ces deux manières , peut donner encore à quelques parties plus de finesse et de légèreté. Les travaux de tout genre enfin sont plus larges ou plus serrés ; ils traversent le fond dans toute sa surface , ou bien ils laissent à découvert quelques blancs purs , pour faire éclater des lumieres plus fermes.

Tous ces procédés forment , s'il est permis de parler ainsi , la palette du graveur. L'expérience le goût , le génie , savent les employer dans des occasions convenables , les accorder entre eux , et en inventer même de nouveaux.

La manière noire , la manière du crayon et celle du lavis , le pointillé , la gravure enfin à plusieurs planches de bois ou de cuivre , et à plusieurs couleurs , sont autant d'inventions particulières , dont quelques - unes consistent dans l'association de divers procédés usités plus anciennement.

Il a été reconnu que tels ou tels de ces moyens employés dans la gravure au burin ou à la pointe , dont nous venons de parler , sont plus propres que d'autres à produire de certains effets.

« Le grain lozange ou approchant du lozange , par exemple , dit un de nos maîtres , convient en général à toutes les parties transparentes ou reflétées ; il convient à la mollesse de la chair. Le carré sera réservé pour les matieres inflexibles , telles que la pierre.

» Les eaux tranquilles se gravent par des tailles droites et horizontales. Les grandes lames d'une mer agitée s'expriment par des tailles qui suivent le sens de ces lames (76). »

Mais des maximes de cette nature ne sont que des données générales, dont les hommes de talent s'écartent souvent avec succès.

L'habileté consiste à choisir, à associer les uns aux autres les travaux les plus convenables pour conserver dans l'estampe le caractère particulier de chaque peintre, de chaque tableau, et de chaque partie d'un même tableau. « Raphaël, » a-t-on dit avec raison, ne doit pas être gravé » comme Le Guerchin, Rembrandt comme Le » Titien, ni Rubens comme Michel-Ange (77). »

Le graveur n'a point de style à lui : il ne peut avoir qu'une manière ou un *faire;* mais il doit se préserver d'avoir un *faire* habituel. La manière la plus brillante, employée sans ménagemens, devient un défaut. Il est des graveurs célèbres dont, au premier aspect, on reconnaît la main, soit à l'uniformité de leur grain carré, à l'abus du lozange, à des tailles constamment prolongées par sections, soit à des traits hardis, largement développés, quelquefois bizarres, où les entraîna la passion de se montrer habiles dans l'art de diriger le burin. Il en est d'autres qu'on ne peut reconnaître qu'à l'admirable variété, aux effets

---

(76) Ces fragmens sont extraits du Dictionnaire des arts de M. Lévesque, tom. ij, au mot *graver*; pag. 477 et suivantes. C'est à regret que je me borne à citer quelques phrases isolées; mais pour donner tout ce qui est intéressant, il faudrait ne rien omettre de cet excellent article. Les articles *graveur*, *gravure* et *écoles* du même Dictionnaire, ainsi que les Discours servant d'introductions, que MM. Huber et Rost ont placés à la tête des tomes j, iij, v et vij de leur *Manuel des amateurs de l'art*, et divers passages du Dictionnaire des arts de M. Millin, renferment pareillement des notions très-utiles. Ces ouvrages, faits par des écrivains à qui tous les arts sont familiers, doivent me dispenser d'entrer dans de plus grands détails.

(77) Diderot, *Salon de* 1765, tom. xiij de ses Œuvres, pag. 356.

pittoresques de leurs travaux : tels sont Bolswert, Wisscher. Pontius, Edelinck. Drevet, Gérard Audran. Ces grands maîtres n'ont pas une manière exclusive ou habituelle ; ils les possèdent toutes. Ils savent, en associant dans un même ouvrage tous les moyens que l'art peut leur offrir, n'appeler particulièrement les regards sur aucun, les faire valoir l'un par l'autre, les échauffer tous par l'effet de l'opposition : ils ne gravent pas, ils peignent : c'est-là le triomphe de l'art.

Quelques tableaux peuvent exiger que le burin ne laisse point éclater de blanc pur, qu'il voile d'un réseau léger les parties mêmes les plus claires ; mais l'application de ce procédé, non plus que de tout autre, ne peut devenir une règle générale. Il ne faudrait pas établir en principe que le graveur devant s'attacher à colorer, doit par cette raison couvrir le cuivre de traits plus ou moins forts. Si on veut parler sans figure, le graveur ne *colore* point, il *ombre*, ou du moins il ne colore qu'en opposant des teintes sombres à des tons clairs. Lorsque toutes les lumières sont voilées, le ton général peut encore, par la finesse des demi-teintes, être doux et harmonieux ; mais ce genre de travail expose l'artiste à des dangers graves : si les ombres demeurent foibles, l'ensemble sera gris et froid ; si elles ont une extrême vigueur, il deviendra noir. Il n'est peut-être, relativement au coloris, qu'une seule règle applicable à tous les sujets ; c'est que, la gravure ne pouvant employer que deux couleurs, il faut, pour donner de la transparence et de la fermeté à une estampe, y ménager des lumières vives, qui se jouent et brillent harmonieusement parmi les ombres.

Revenons à l'histoire abrégée des révolutions de l'art.

Trois maîtres célèbres, nés vers la fin du quinzième siècle, à peu d'intervalle l'un de l'autre, élevèrent la gravure à un degré de perfection qui donne encore aujourd'hui le plus haut prix à leurs ouvrages, et fondèrent trois grandes écoles ; ce furent Albert Durer, Marc-Antoine, et Lucas de Leyde (78).

Il semble qu'Albert Durer, qui eut pour maître Michel Wolgemuth, se soit particulièrement attaché à imiter la manière ferme, vive et délicate de Martin Schoen ; mais cette ressemblance n'est peut-être due qu'à la conformité des dispositions naturelles de ces deux artistes ; car Albert était au nombre des hommes privilégiés qui marchent sans guide, créent tout, et ne doivent leurs succès qu'à leur propre génie. Il cultiva tous les arts ; il aurait pu embrasser toutes les sciences. La gravure en bois, déjà perfectionnée par Wolgemuth, devint sous sa main la rivale de la gravure en taille douce. Il nous a laissé des estampes gravées sur fer avec une très-grande habileté. Plusieurs écrivains lui attribuent l'invention de la gravure à l'eau forte, ou du moins le mérite d'avoir appliqué à l'art de graver des estampes, ce procédé qui dut être employé longtemps auparavant par les armuriers (79). Sans avoir visité l'Italie, ni étudié l'antique, il s'éleva de lui-même à la théorie de la beauté, et composa un traité sur les proportions des formes humaines. La sculpture, la gravure sur pierres fines, la géométrie, l'architecture civile et militaire, étaient en quelque sorte ses délassemens. Si nous le considérons comme graveur, son burin précis, vigoureux, unit dans des travaux fins et serrés une vive chaleur à une netteté parfaite. Son coloris est ferme et brillant. On lui a reproché de négliger dans ses tableaux la perspective aérienne : plusieurs de ses estampes sont cependant très-remar-

---

(78) Albert Durer naquit à Nuremberg, en 1470 ; Marc-Antoine (Raimondi), à Bologne, en 1487 ou 1488, et Lucas, à Leyde, en 1494.

(79) Sandrart, *Acad. pict. nob.*, part. ij, lib. 3, c. 2, p. 207. — Heinecken, *loc. cit.* p. 234, 235. — M. Huber, *Manuel des amateurs de l'art*, tom. j, pag. 96 et 123.

quables, même pour ce genre de mérite (80). Ce grand maître, il faut l'avouer, ne fut pas entièrement exempt des erreurs de ses contemporains. Il avait un secret penchant pour les sujets bizarres et grotesques; l'expression qu'il donne à ses personnages est juste ; mais il manque souvent de noblesse ; ses contours ne sont pas toujours assez moelleux ; on dirait qu'en dessinant le corps humain, il a quelquefois suivi ses systêmes plutôt que la nature.

Lucas de Leyde est plus naïf ; il tombe aussi plus souvent dans le genre gothique. Peut-être son burin a-t-il moins d'énergie, moins de feu que celui d'Albert Durer, mais il n'est ni moins délicat, ni moins suave. Lucas de Leyde semble même surpasser Albert dans l'art de distribuer la lumière, de la projetter sur de grandes fabriques, d'exprimer les divers effets qu'elle produit dans un vaste local sur les objets les plus voisins de l'œil et sur ceux qui s'en éloignent. « A peine, dit Vasari, les couleurs variées de la peinture peuvent-elles répandre dans les divers plans d'un tableau autant d'harmonie et de vérité : l'exemple de ce graveur a servi de leçon à beaucoup de peintres (81). » Lucas de Leyde paraît être le pre-

---

(80) Nous pouvons citer entre autres la Nativité, où se voit la Vierge adorant l'Enfant Jésus dans une étable, tandis que St. Joseph puise de l'eau à un puits, placé dans une cour (pet. in-4°, 1504), et principalement le St. Jérôme écrivant dans sa cellule (in-fol., 1514), qui est à tous égards un chef-d'œuvre.

(81) Vasari, *Vit. di Marc.-Ant.*, tom. ij, pag. 415 (ed. Rom. 1759). — On remarque parmi les pièces qui justifient le jugement de Vasari, le grand *Ecce homo*, riche composition, renfermant plus de cent figures, estampe également étonnante pour l'ordonnance, pour le caractère et l'expression des têtes, et pour la gradation de la lumière (gr. in-fol. en tr.), qui porte la date de 1510, et que Lucas de Leyde exécuta par conséquent à l'âge de seize ans; l'Enfant Prodigue de retour à la maison paternelle, que l'on croit aussi de 1510 (in-fol. en tr.); Jésus-Christ attaché sur la croix entre les deux Larrons, pièce datée de 1517 (gr. in-fol. en tr.); la Danse de la Mag-

mier qui ait conçu l'idée d'associer dans une même estampe l'eau forte avec le burin (82).

Marc-Antoine qui a presque toujours gravé, non d'après des tableaux, mais d'après des dessins, considéra la gravure comme un moyen de copier et de multiplier cette sorte d'ouvrages. Le faire délicat qui distingue ses deux rivaux, ne fut à ses yeux qu'une partie secondaire de son art. Albert Durer et Lucas de Leyde ne se bornaient point à varier la longueur et les inflexions de leurs tailles ; ils avaient encore tenté d'exprimer, par des travaux différens, le caractère particulier de chaque objet, la blancheur du linge, les tons argentins et le moelleux de l'hermine, la légéreté des cheveux. Marc-Antoine ne rechercha point ce genre de mérite : sans négliger ni la finesse du burin, ni les effets de la perspective dans l'ensemble de la composition, il s'attacha principalement à rendre les formes et l'expression de ses modèles. On remarque en général, dans ses procédés, moins d'art que de sentiment. S'il trace des carrés ou des lozanges réguliers, ce n'est guères que dans les ombres les plus fortes. Quelquefois une taille qui se courbe embrasse un membre dans toute sa largeur ; plus souvent des hachures, ou parallèles, ou légérement croisées, forment les demi-teintes, et quelques points placés vers leurs

---

delaine, datée de 1519 (in-fol. en tr.) ; le poëte Virgile suspendu dans un panier par une courtisane, sujet fabuleux (in-4°.), daté de 1525, etc. Ces estampes sont désignées dans le Catalogue raisonné des Œuvres de Lucas de Leyde, donné par M. Bartsch, sous les nos 68, 71, 75, 119 et 133.

(82) M. Bartsch cite plusieurs pièces qui lui ont paru exécutées de cette manière, savoir : Caïn tuant son frère ; Sainte Catherine ; le portrait de l'empereur Maximilien. Ces trois pièces, datées de 1520, sont décrites dans son Catalogue raisonné, sous les nos 12, 127 et 170. — On assure que Lucas de Leyde gravait à l'eau forte à l'âge de quinze ans ; ce fait se rapporterait à l'année 1509, et serait par conséquent antérieur à l'estampe d'Albert Durer, que Sandrart réclame comme la première pièce gravée à l'eau forte, et qui est datée de 1515.

extrémités conduisent l'œil à des blancs purs qui donnent à chaque partie le relief de la nature. Telle est la simplicité de ses moyens. Mais avec quelle précision, avec quelle fermeté il dessine, il modèle, si nous pouvons parler ainsi, les formes du corps humain! Comme les lumières sont larges et décidées! que de noblesse et d'élégance dans les contours! quelle vérité dans les raccourcis! quelle vie dans les pieds, dans les mains! quelle ame dans les têtes! Malgré la beauté des ouvrages d'Albert Durer et de Lucas de Leyde, quand on jette les yeux sur les gravures de Marc-Antoine, on croit être transporté dans un monde nouveau; c'est le génie de Raphaël lui-même qui respire dans ces sublimes compositions.

Tandis que ces trois maîtres excellaient chacun dans une des parties essentielles de l'art, Hugo da Carpi obtenait des estampes à quatre couleurs, en gravant différens traits d'un même dessin, sur trois planches de bois correspondantes, et en appliquant successivement ces trois planches sur un fond déjà colorié. Il fut regardé en Italie comme l'inventeur de ce procédé ingénieux qu'on a désigné par le nom de gravure en *clair-obscur*. Les Allemands ont revendiqué cette invention : ils ont cité des ouvrages à trois couleurs de Johan Ulric Pilgrim, de Mair, de Wolgemuth, d'Albert Durer, de Cranach, tous antérieurs à ceux de Hugo da Carpi. Les Italiens pourraient rappeler à leur tour une pièce de Jérôme Mocetto, natif de Vérone, et élève de Jean Bellin, qui porte la date de 1500 (83). Mais si nous n'avons point erré dans les faits exposés au commencement de ce discours, cette gravure a plusieurs planches remonte à une antiquité beaucoup plus reculée.

Dans le même temps, Lucas Cranach, Hans Burgkmair, Hans Scheuffelein, émules et quel-

---

(83) Cette pièce représente l'entrée de Jésus-Christ dans Jérusalem. Il en existe un exemplaire à Paris, dans le cabinet impérial.

quefois collaborateurs d'Albert Durer, firent, à son exemple, des progrès remarquables et rapides dans l'art de graver en bois; et peu d'années après, Hans ou Jean Holbein, porta cet art difficile au plus haut degré de perfection où il soit parvenu jusqu'à présent, et où vraisemblablement il lui soit permis d'atteindre. Rien peut-être n'est plus surprenant dans aucun genre de gravure, que la précision et la finesse du travail, la justesse de l'expression, la transparence et la variété des tons qu'on admire dans les planches en bois de ces habiles artistes, et principalement dans celles de Jean Holbein.

Le caractère propre et distinctif d'Albert Durer, de Lucas de Leyde et de Marc-Antoine, se perpétua dans les écoles que chacun de ces maîtres avait fondées.

Parmi les élèves ou les imitateurs d'Albert Durer, on distingue *les Petits Maîtres*, ainsi appelés parce qu'ils se sont fait estimer en gravant de fort petites estampes avec un esprit et une netteté quelquefois dignes du chef de leur école. Les plus célèbres sont Albert Altdorfer, regardé presque comme l'égal d'Holbein dans la gravure en bois; Henri Aldegrever, adroit buriniste, dessinateur un peu gothique; Grégoire ou George Peins, Jacob Binck, Bartel et Hans-Sebald Béham; Virgile Solis, également estimable dans la gravure au burin et dans la gravure en bois; et enfin Théodore de Bry, imité dans la suite par son fils Jean-Théodore. Plusieurs d'entre les *Petits Maîtres*, tels que George Peins, Jacob Binck et Bartel Béham, allèrent à Rome pour se perfectionner dans l'art du dessin, et travaillèrent auprès de Marc-Antoine. L'école d'Albert Durer, la seule illustre en Allemagne à cette époque, se confondit à la seconde génération avec l'école d'Italie.

On croit que Lucas de Leyde, mort à l'âge de trente-neuf ans, ne forma point d'élèves; mais la réputation qu'il s'était acquise par la vérité de la perspective et du clair-obscur, ayant excité l'émulation des graveurs ainsi que des peintres flamands,

ce

ce genre de mérite a été constamment après lui le principal sujet d'études, et l'on pourrait dire le patrimoine héréditaire de l'école des Pays-Bas. Dietrick ou Théodore Van-Staren, que nous avons surnommé en France *le Maître au caducée*, les trois Breughel, Lambert Suterman, Henri Van-Cleef, Jérôme Cock et son élève Adrien Collaert, se sont plus ou moins approchés de Lucas de Leyde pour la distribution de la lumière, et se sont la plupart fait remarquer par la finesse et la netteté de leur burin: on peut aussi quelquefois leur reprocher un peu de sécheresse.

Parmi les graveurs flamands qui ont vécu à cette époque, il en est un que les artistes et les hommes de lettres doivent également distinguer, c'est le docte Hubert Goltzius. Ce savant qui était à la fois peintre, antiquaire, imprimeur, graveur en bois et en taille-douce, a exécuté plusieurs pièces en clair-obscur: il gravait les traits de ses estampes à l'eau forte, et il y appliquait des rentrées avec des planches de bois: cette maniere qui imite les dessins tracés à la plume, et lavés avec diverses couleurs, a été souvent mise en pratique.

L'école de Marc-Antoine nous offre un grand nombre d'hommes célèbres qu'il suffit de nommer pour rappeler tout ce que l'art du dessin a produit chez les modernes de plus noble et de plus pur. Là se placent, dans le cours de deux générations, Augustin Vénitien et Marc de Ravène, disciples favoris de Marc-Antoine; Jules Bonasone, son imitateur, moins accompli dans le dessin, plus attentif peut-être à exprimer dans l'ensemble de la composition les effets de la lumière; Jean-Baptiste Franco, savant anatomiste, expéditif, négligé, quelquefois même brut dans son faire, toujours admirable dans l'expression, et qui paraît avoir associé l'eau forte avec le burin; Leo Daris, qui affecte une manière irrégulière et heurtée; Domenico Fiorentino, un peu dur dans les détails, ferme et plein de chaleur dans les masses; Æneas Vicus, plus moelleux et plus varié dans ses travaux; Martin Rota, qui s'est immortalisé en imitant avec précision le jugement dernier de Michel-Ange ; et enfin l'illustre famille des Ghisi, surnommés les Mantouans, où l'on compte Jean-Baptiste, digne élève de Jules Romain, Diana, sa fille, qui l'a au moins égalé, Georges et Adam, ses deux fils, dont le premier, avec des travaux plus riches que ceux de Marc-Antoine, s'élève au niveau de ce maître, lorsqu'il grave d'après Jules Romain, et demeure cependant inférieur quand il entreprend d'imiter Raphaël.

Le Parmezan, regardé long-temps par les Italiens comme l'inventeur de la gravure à l'eau forte, exécutait à cette même époque des ouvrages de ce genre, où l'on retrouve tout l'esprit qui caractérise ses productions.

Ce même Parmezan, Baldassare Peruzzi, Domenico Beccafumi, Antonio da Trenta, Jean-Nicolas Vincentini dit Rosigliano, et Andrea Andriani, perfectionnèrent tellement la gravure en clair-obscur, qn'il a été jusqu'à présent impossible de les surpasser.

La France, qui s'est appliquée à l'art de graver plus tard que l'Allemagne, l'Italie et les Pays-Bas, n'avait encore produit au tems dont nous parlons, qu'un très-petit nombre de graveurs recommandables. Jean Duvet, dit *le Maître à la Licorne*, et Noël Garnier, étaient peu dignes du beau siécle de Henry II. Nous pouvons citer avec plus d'orgueil Estienne de Laulne, dit *Stephanus*, buriniste délicat, qui mérite d'être compté parmi *les Petits Maîtres ;* Pierre Woieriot, habile graveur en bois ; Boivin, qui a rendu avec un peu de mollesse, mais avec un assez bon dessin, quelques ouvrages du Rosso ; et enfin Nicolas Béatrice, ou Béatrizet, né à Thionville vers l'an 1500. Cet artiste se fit distinguer parmi les élèves d'Augustin Vénitien : cette circonstance l'a fait ranger dans l'école d'Italie.

Corneille Cort commence une troisième période, remarquable par de très-grands progrès et par des erreurs long-temps admirées. Cet artiste, qui naquit à Hoorn, dans la Westfrise, en l'an

1536, après avoir reçu des leçons de Jérôme Cock, eut le bonheur d'étudier à Venise, et de graver plusieurs compositions du Titien, dans l'atelier même et sous les yeux de ce grand peintre. Les graveurs n'avaient employé jusqu'alors que des tailles généralement courtes, fines et serrées. Cort sentit la nécessité d'élargir ou de rétrécir les travaux, d'alonger les tailles, de les renfler ou de les affaiblir dans diverses parties de leurs contours, suivant la nature des objets qu'il voulait imiter. Son travail très-simple ne consiste guère que dans une première, une seconde, et quelquefois une troisième taille, diversement croisées, et mêlées de quelques points ; mais il sait, par la variété du grain et par le ménagement des blancs purs, produire de beaux effets. Son dessin est nerveux et expressif. On trouve dans ses ouvrages, sinon la perfection, du moins les élémens du riche coloris qui a immortalisé les graveurs de l'école de Rubens.

Augustin Carrache, disciple de Cort, adopta et perfectionna cette manière sage et pittoresque. Peu d'artistes ont su, comme cet habile dessinateur, fixer les formes des corps par la juste inflexion des premières tailles. „ Ses ouvrages, „ dit un excellent juge, sont un des meilleurs „ modèles que les graveurs puissent se proposer „ pour l'ébauche de leurs travaux et surtout pour „ celle des chairs (84). „ La Vierge apparaissant à S. Jérôme, et le Calvaire, qu'il grava d'après le Tintoret ; le martyre de sainte Justine, d'après Paul Véronèse, le portrait du Titien, et plusieurs autres de ses ouvrages, ne cessent pas d'être admirés à côté des chefs-d'œuvres les plus accomplis des temps postérieurs.

L'abus suivit de près les heureuses inventions de Corneille Cort et de son disciple. François

(84) M. Levesque, *Dictionn. des arts*, au mot *Graveurs*, n° 23.

Villamène, qui avait reçu, comme Augustin Carrache, des leçons de Cort, peu judicieux dans le choix de ses modèles, exagéra la manière de son maître, et mit sa gloire à tracer de longues tailles, courbées parallélement et avec une parfaite régularité. Ses travaux trop économisés ne présentent qu'un enchaînement de carrés ou de lozanges plus ou moins ouverts ; la fermeté des lumières et des ombres, la chaleur du tableau ont totalement disparu.

L'erreur de Villamène pénétra bientôt, ainsi que les principes de Cort, dans l'Allemagne et dans les Pays-Bas. Henri Goltzius, buriniste du plus rare talent, génie bizarre, aurait porté l'art à la perfection, si la perfection consistait dans un adroit maniement d'un instrument difficile à diriger. Quelle hardiesse, quelle énergie, quelle légereté dans son faire! Malheureusement l'éclat et la régularité de son burin lui firent négliger des beautés plus importantes. Imitateur maniéré de Michel-Ange, assez savant dans l'anatomie, mais affectant trop de le paraître, dépourvu de goût, il donne à tous les peintres qu'il copie, à Raphaël, à l'antique même, son style roide et barbare. Il ne peut s'astreindre à représenter ni le dessin, ni l'expression, ni les effets de clair-obscur du tableau qu'il imite ; il oublie le caractère de l'original, et ne s'attache qu'à faire admirer la vigueur et la dextérité de sa main. Ce grand maître, donnant en cela un fatal exemple, avait pris le mécanisme de l'art pour l'art lui-même.

Jean Muller, son élève, porta comme lui au plus haut degré la souplesse, l'audace du burin, et tout à-la-fois l'abus des longues tailles courbées et parallèles. Lucas Kilian, agréable dans ses petits ouvrages, étale avec vanité le même défaut dans les grands. Ces deux artistes, à l'exemple de leur maître, n'emploient souvent qu'une seule taille ; ce faire donne à leurs ouvrages une transparence agréable. Mais aussitôt qu'ils croisent leurs traits, leur manière devient intolérable : leurs carrés, leurs lozanges, au lieu d'indiquer les méplats des chairs, ressemblent à un réseau noir qu'on aurait jeté sur l'estampe; chaque figure paraît enveloppée dans ce même filet.

Jacques Mathan, Jacques de Ghein, dit le Vieux, suivirent cette fausse route. Le vice cependant ne fut pas général. Jean Saenredam, autre élève de Goltzius, imita son maître avec plus de réserve. Le savant Gérard de Jode, quoiqu'il fût plus âgé que Corneille Cort, eut le bon esprit de marcher sur ses traces. Les de Bruyn, les Wiérix, demeurerent fidèles à la manière de Lucas de Leyde. Les Galle s'en écartèrent peu. Crispin de Pas adopta deux genres différens. Dans la plupart de ses ouvrages, on retrouve le burin fin et suave des anciens maîtres hollandais et flamands; dans d'autres, on reconnaît à regret les travaux larges et maigres de Villamène. Les Sadeler furent partagés: Jean et Raphaël son frère, dessinateurs fidèles, habiles dans la distribution de la lumière, surent, en développant sagement leurs tailles, conserver un faire délicat. Gilles ou Ægidius, leur neveu, employa souvent cette manière douce et expressive; quelquefois aussi, cédant au torrent, il élargit ses tailles avec excès; et si l'on peut dire qu'il se montra aussi habile que Muller et Kilian dans l'art de tailler le cuivre, il faut ajouter qu'il devint presque aussi fade et aussi ridicule.

Annibal Carrache, Tempesta, le Caravage, le Guide, Canta-Gallina qui fut le maître de Callot et de la Bella, et une foule de peintres dont il est inutile de rappeler les noms, gravaient dans le même tems leurs ouvrages à l'eau-forte, avec une pointe savante et spirituelle.

La gravure en bois n'avait point fait de nouveaux progrès depuis Holbein; mais les Stimmer, les Coriolan la soutenaient encore.

La France commençait à se mettre au niveau de l'Italie. Léonard Gautier ou Galter et Thomas de Leu imitaient avec une finesse et une précision exquises la manière des Wiérix et de Crispin de Pas; Estienne Dupérac, et Philippe Thomassin, élève de Corneille Cort, gravaient avec succès d'après Raphaël et Michel-Ange.

Rubens, par une nouvelle révolution, fit faire à l'art des progrès, que, malgré le mérite des artistes précédens, on peut regarder comme prodigieux. Marc-Antoine, Albert Durer, Lucas de Leyde, Corneille Cort, Augustin Carrache, Goltzius, les Sadeler, avaient porté à une grande perfection, chacun dans la partie qui lui était propre, l'art de dessiner, de rendre les effets des passions, de ménager la lumière, de maîtriser le burin : Rubens voulut, en surmontant les plus grandes difficultés, enseigner aux graveurs à exprimer encore la vivacité ou la faiblesse des couleurs locales, à transporter, pour ainsi dire, dans une estampe, par ce moyen, les nuances variées d'un tableau ; et il eut le mérite d'y réussir. Ce grand peintre forma des graveurs parmi ses élèves, et appela auprès de lui les plus habiles maîtres de l'Allemagne et des Pays-Bas. Pierre Soutman, Lucas Vorsterman, nés l'un et l'autre en 1580, formés d'abord dans la peinture par ses leçons, devinrent sous son inspection, les chefs de son école. Boëce et son frère Scelte Bolswert, qui, d'une ville de Frise d'où ils avaient tiré leur nom, étaient venus habiter à Anvers, se montrèrent leurs dignes rivaux. De Leeuw, Syderhoef, Corneille Visscher, Loys, Sompelen furent élèves de Soutman ; Pontius, élève de Vorsterman, forma Ryckman et Nicolas Lauwers ; Witdoeck reçut des leçons de Rubens ; Guillaume Hondius fut dirigé par Van Dyck ; Clouet, Marinus et Pierre de Jode le jeune s'appliquèrent à imiter ces divers maîtres, sans être comptés parmi leurs élèves.

Comment parler dignement de tant d'hommes illustres ? Qu'il suffise de nommer quelques-uns de leurs plus beaux ouvrages. Qui ne se rappelle, au nom de Vorsterman, la Descente de croix d'Anvers, la grande Adoration des Rois, d'après Rubens, le Christ mort sur les genoux de la Vierge, d'après Van Dyck ? Qui n'a présents à l'esprit la Cène, d'après Léonard de Vinci, la chûte des réprouvés, le Christ au tombeau, d'après Rubens, gravés par Soutman; la Thomiris et le S. Roch intercédant pour les pestiférés, gravés par Pontius; la Paix de Munster, les Bourguemestres, la Chasse-aux-Lions, et tant de beaux portraits, gravés par Suyderhoef; l'Adoration des Mages, le Triomphe de la nouvelle loi, par Lauwers; ces estampes où, dans des sujets moins relevés, brille un talent peut-être plus grand encore, le Vendeur de mort-aux-rats, la Faiseuse de beignets, la Bohémienne, les beaux portraits de Coppénol et de Bouma, par Corneille Visscher; et enfin ce chef-d'œuvre également accompli, prodigieux pour la justesse de l'expression, pour la transparence et la fermeté du coloris, le Couronnement d'épines, gravé d'après Van Dyck, par Schelte Bolwert? Louer ces savantes productions, ce serait presque redire toutes les beautés qui constituent la perfection de la gravure.

Chacun de ces grands artistes a cependant des talens et un caractère particuliers. Soutman, Visscher, Suyderhoef ont mêlé l'eau-forte avec le burin; Vorsterman, Bolswert, Pontius, Vitdoeck ont employé le burin pur. Le travail de Soutman est tantôt fin, moelleux, régulier, tantôt rude et heurté; on y voit en opposition des blancs purs, souvent fort étendus, et des ombres très-énergiques; ce maitre semble avoir inspiré tout-à-la-fois et Rembrandt et l'école de Rubens. Vorsterman excelle dans l'art de représenter la magnificence des draperies; le burin de Visscher répand le feu de la vie dans les méplats des muscles et dans les ondulations de la peau. Soutman, Vorsterman, Vitdoeck, Pierre de Jode ont quelquefois dans leur faire, si nous osons le dire, un peu de rudesse; Pontius, Visscher sont toujours moelleux. Habile à graduer les lumières, Visscher couvre presqu'entièrement le cuivre de ses savans travaux; Vorsterman, Bolswert, par un autre principe, laissent éclater plus de blanc.

Quels sont les procédés de ces grands maîtres?

Nous l'avons dit : ils emploient avec une convenance parfaite tous ceux que l'art a inventés, tous ceux que le génie leur suggère ; ils n'en laissent dominer aucun. C'est la multiplicité de leurs moyens qui produit l'incomparable richesse de leurs teintes.

Tous les genres de gravures firent, à la même époque, des progrès remarquables dans tous les pays de l'Europe où cet art était cultivé. Mellan, né en 1601, parvint à imiter les effets de ses dessins avec une seule taille, renflée ou amincie avec intelligence. Jean Lutma, né en 1609, inventa la manière du pointillé au maillet (*opus mallei*) ; et le colonel van Siégen, né en 1620, la manière noire, que le prince Palatin Robert porta en Angleterre. Charles Jégher faisait revivre sur le bois le style et, en quelque sorte, les couleurs de Rubens. Le comte Goudt, par un art particulier, exprimait avec le burin pur les effets les plus piquans de la lune ou d'un flambeau brillant dans les ombres de la nuit. La gravure à l'eau-forte n'a jamais compté un aussi grand nombre d'artistes illustres. Callot, toujours original et spirituel dans ses compositions, ferme et quelquefois un peu roide dans les mouvemens de sa pointe ; La Bella, son compagnon d'études, qui semble l'avoir surpassé, non-seulement par la beauté de ses compositions, mais encore par la légèreté et les effets pittoresques de ses travaux ; Jean Morin, aujourd'hui trop peu connu, qui employa une manière mêlée de hachures et de traits irréguliers, de points serrés, inégaux, et de blanc pur, travail énergique et d'un beau coloris ; Corneille Schut, peintre, graveur et poëte ; Mathieu Mérian, Venceslas Hollart, Pietro Testa ; l'inimitable Rembrandt, qui touche, qui heurte le cuivre comme au hasard, de qui on a cherché si long-tems à deviner les procédés, de qui l'art est jusqu'à présent un secret impénétrable ; Georges Van Uliet, Ferdinand Bol, et Jean Lyvens, ses trois élèves les plus célèbres ; Abraham Bosse, auteur d'un traité sur son art ; Gabriel Pérelle, qui a mis tant de richesse dans ses compositions, et quelquefois aussi, il faut l'avouer, un peu de sécheresse dans son faire ; Benedetto Castiglione, dont la pointe au contraire est toujours gracieuse, facile et nourrie ; Israël Sylvestre, dessinateur et graveur plein de goût, remarquable par l'esprit et la netteté de son travail ; Jean Le Pautre, doué de l'imagination la plus féconde ; l'Espagnolet enfin, le Pésarèze, Van Dyck, Claude Lorrain, Bourdon, La Hire, Salvator Rosa, Herman d'Italie, Adrien Van Ostade, Waterlo, Berchem, Paul Potter, qui ont gravé avec tant de sentiment leurs propres dessins ; tous ces maîtres, contemporains des élèves de Rubens, naquirent dans l'espace d'un petit nombre d'années.

Quelque gloire qu'eussent acquise les graveurs formés par Rubens, ils n'avaient ni épuisé toutes les ressources, ni développé tous les genres de beautés propres à leur art. A côté de ces hommes célèbres, nous pouvons dire même au-dessus d'eux, on vit bientôt se placer les artistes français, qui, en parcourant la même carrière, surent encore l'agrandir et s'y faire distinguer par un caractère particulier. Bolswert, Pontius, étaient sans doute des dessinateurs exacts, mais ils n'ont presque jamais copié que des ouvrages de peintres flamands, dont le style était conforme à leur propre manière ; les estampes de Visscher les plus estimées sont celles qu'il a gravées d'après ses propres dessins ; le faire irrégulier de cette école, nous venons de le remarquer, n'avait pas toujours assez de souplesse et de douceur. Graver les chefs-d'œuvres de Raphaël, du Corrège, des Carraches, du Dominiquin, et conserver à chacun de ces peintres, dans toute sa pureté, le style qui lui est propre ; imiter par un burin régulier, cependant varié, toujours facile, toujours moelleux, les formes correctes, l'expression, le clair-obscur d'un beau modèle, quelque main qui l'ait produit, telle était la gloire réservée aux Poilly, aux Edelinck, aux Roullet, aux Drevet, et aux autres grands maîtres de l'école française.

François Poilly, né en 1612, reçut d'abord des leçons de Pierre Daret, qui avait eu pour maître Corneille Bloemaert, et étudia ensuite à Rome, auprès de Bloemaert lui-même. Bloemaert, élève et imitateur de Crispin de Pas, avait adopté un travail simple, fin, régulier, un grain constamment carré, qui donnait à ses ouvrages une transparence agréable, mais en même temps de la monotonie, et peut-être un peu de mollesse. Natalis avait déjà abusé de ce grain carré qu'il avait élargi sans ménagemens; Rousselet, imitateur plus sage de Bloemaert, commençait au contraire à perfectionner cette manière sévère et difficile; Poilly n'en saisit que les beautés; il sut la perfectionner encore, l'échauffer par d'autres travaux, l'associer au dessin le plus pur, et la faire servir à représenter la grace divine des ouvrages de Raphaël. La Sainte Famille *au berceau*, la Vierge *au linge*, gravées d'après ce maître, la Vierge *octogone* du Guide, le Saint-Jean de Le Brun seront à jamais, pour les amis des arts, un objet d'admiration, pour les graveurs un sujet d'études.

Poilly eut heureusement une grande influence sur les artistes de son temps. On distingue parmi ses élèves, fidellement attachés à sa manière, Nicolas Poilly, son frère, qui instruisit à son tour Jean et François, ses deux fils; Guillaume Vallet, Simon Thomassin, Elie et Jean Hainzelman, tous remarquables par un dessin correct, par un faire harmonieux et suave; François Spierre, dont le burin convenait si bien au style du Corrège, mais qui peut-être s'attacha trop à imiter celui du Cortone; et enfin Roullet, qui, dans ses petits ouvrages, a égalé les plus célèbres artistes de ce genre, et qui, dans les grands, semble avoir surpassé Poilly lui-même. L'estampe de ce maître représentant les trois Maries au tombeau, d'après Annibal Carrache, est justement placée parmi les chefs-d'œuvres les plus accomplis de la gravure, de même que le tableau de Carrache est une des productions les plus nobles et les plus touchantes de l'art de peindre.

Etienne Baudet, imitateur de Bloemaert; Jean Pesne, Guillaume Château, éleve de Poilly, Antoinette Bouzonnet-Stella, et l'illustre Claudia, sa sœur, nièces et élèves de Jacques Stella, dont elles avaient adopté le nom, mêlant le burin avec l'eau forte, s'attachaient dans le même tems à imiter les sublimes ouvrages du Poussin; mais, parmi tous ces maîtres et leurs contemporains, aucun n'a saisi le caractère de ce grand peintre avec autant de précision et d'ame que Claudia Stella.

L'amour de la gravure était devenu en France, à cette époque, une passion générale. Louis XIV, qui chérissait tous les arts, semblait accorder à celui-là une protection particulière. Par son édit publié à St.-Jean-de-Luz, en 1660, ce prince voulant, disait-il, donner aux graveurs *des marques de son estime et de sa justice*, les maintint dans la liberté dont ils avaient toujours joui, d'exercer leur art sans être soumis à des maîtrises, et déclara que la gravure était *un art libéral*, qu'on ne devait point *en asservir la noblesse à la discrétion de quelques particuliers*, qu'elle ne pouvait *dépendre que de l'imagination de ses auteurs, et être assujettie à d'autres lois qu'à celles de leur génie*. Cet édit, très-remarquable à cause des termes dans lesquels il était conçu, les divers ateliers établis aux Gobelins par le gouvernement, les honneurs accordés aux grands maîtres, furent de puissans moyens d'encouragement, dont les arts et le goût en général, dont la gravure et particulièrement le commerce des estampes, recueillirent les fruits.

Edelinck, Van Schuppen, Nicolas Pitau, nés à Anvers, appelés en France par Colbert, dès leur jeunesse, et enchaînés par les bienfaits du roi, se regardèrent eux-mêmes comme Français.

Edelinck instruit d'abord au milieu des chefs-d'œuvres de l'école de Rubens, dirigé ensuite et adopté par l'école française, sut allier au feu de ses premiers modèles la correction et le fini précieux dont Poilly lui donnait l'exemple. Quelques maîtres peuvent l'avoir égalé, aucun ne le surpasse. Les portraits de Desjardins, de Rigaud, de Champagne suffiraient pour le placer au premier rang parmi les graveurs : il est allé beaucoup plus loin; il a donné à Raphaël dans la Sainte Famille, le style sublime, et, nous pourrions dire, le coloris de Raphaël ; à Le Brun, dans la Famille de Darius et dans la Magdelaine, sans s'écarter de la vérité, un style et un coloris qui semblent plus beaux encore que le style et le coloris de Le Brun.

Van Schuppen et Pitau, assez semblables l'un à l'autre, cherchant tous les deux, avec de la vigueur, des tons clairs et aimables, tantôt s'approchent davantage du caractère de Nanteuil, dont Van Schuppen fut élève, et tantôt de celui de Poilly, que Pitau semble avoir pris pour guide.

Qui ne connaît les beaux portraits gravés par Nanteuil, la plupart d'après ses propres dessins ? Quelle précision, quelle fermeté dans les saillies ! quelle ame dans les regards ! quel heureux accord entre les points, les tailles, les travaux réguliers et irréguliers que cet habile artiste sait employer avec un choix exquis ! quelle simplicité, quelle sagesse dans son faire, malgré cette variété ! Pontius, Visscher, Suyderhoef, Edelinck, et les autres grands maîtres n'ont point fait de portraits qu'on puisse préférer à ceux de Pompone, de Loret, de La Mothe-Le-Vayer, de Turenne, de l'Avocat de Hollande.

Masson, qui a montré autant de goût que d'habileté dans le portrait du maréchal d'Harcourt, dans ceux de Brisacier, de Marin, et du président d'Ormesson, trop jaloux de faire remarquer la souplesse de son burin, s'est écarté dans d'autres portraits, ainsi que dans *la belle Nappe*, de l'heureuse simplicité dont Nanteuil et tous les grands maîtres français lui donnaient l'exemple. Ses tailles hardies, légères et en même temps trop contournées, ne rendent pas toujours avec assez de précision les formes arrêtées par le peintre; mais jusque dans ses erreurs on admire la délicatesse de son travail, le jeu et la vivacité de ses lumières. Il serait dangereux de vouloir suivre son exemple; il est bien difficile de l'égaler.

Tout ce que le burin a de plus éclatant et de plus sage, de plus fin, de plus moelleux, de plus coloré, se trouve réuni dans les chefs-d'œuvres de Pierre Drevet, et particulièrement dans le portrait de l'éloquent évêque de Meaux. La fidélité du dessin, la variété des tons, la richesse des étoffes, l'ame répandue dans les chairs, ne laissent rien à desirer.

Pierre Drevet, père de cet habile artiste, et Claude son parent, eurent à-peu-près le même faire que lui, et dans quelques-uns de leurs ouvrages ils se sont presque montrés ses égaux.

Une autre école illustrait dans le même temps le règne de Louis XIV; c'était celle de Gérard Audran, qui, dans sa gravure irrégulière et singulièrement pittoresque, mêlait avec tant de sentiment et d'énergie le travail de l'eau-forte à celui du burin. Ce grand maître semble s'être proposé de disputer la palme aux artistes italiens plutôt qu'à ceux des Pays-Bas. S'il eût été contemporain de Raphaël, l'Europe aurait possédé un second Marc-Antoine: dans un siécle plus avancé, il a réuni autant de connaissances et plus d'art. Son faire est d'autant plus mâle, d'autant plus expressif, qu'il doit rendre les effets d'une plus grande composition. Par une hardiesse heureuse, et qui ne pouvait être pardonnée qu'à lui, cet habile artiste se permit d'épurer le dessin de Le Brun; et l'Italie crut, en voyant les gravures des batailles d'Alexandre, que Le Brun égalait ses plus savans dessinateurs.

Divers graveurs avaient exécuté de petits ouvrages avec une pointe ou un burin vifs et spirituels; Le Clerc par la noblesse de son style et la simplicité de son faire, donna à ce genre de gravure un caractère de grandeur dont à peine on pouvait le croire susceptible. Bernard Picard, son élève, sacrifia ce beau caractère à un extrême fini; mais s'il fut inférieur à son maître dans le style, il l'égala du moins par la fécondité de son imagination.

Benoît et Jean Audran, Nicolas Dorigny, qui fut appelé en Angleterre en 1711, Charles et Louis Simoneau, Gaspard Duchange, Nicolas-Henri Tardieu, Alexis Loir, Louis Desplaces, se formèrent à l'école de Gérard Audran, ou suivirent plus ou moins fidèlement sa manière.

Adrien Van den Velde, Jean-Henri Roos, Karel du Jardin, Jean Visscher, Pietro-Santi Bartoli, François et Pierre Aquila, Jean Luycken, Claude Gillot, et d'autres artistes, devenus célèbres à peu près dans le même temps, soit parmi les peintres, soit parmi les graveurs de profession, nous ont laissé des ouvrages à l'eau-forte ou mêlés d'eau-forte et de burin, qui sont placés avec honneur dans tous les cabinets.

Jacques-Christophe Le Blond, né à Francfort en 1670, inventa l'art d'imiter la peinture (85), en imprimant l'une sur l'autre trois couleurs, le rouge, le jaune et le bleu, qui, par leurs combinaisons, produisaient des nuances plus nombreuses.

L'Angleterre ne pouvait citer, à l'époque dont nous parlons, qu'un bien petit nombre de graveurs recommandables, tels que William Faithorne, Jean Smith, Robert White, et quelques

(44) Dans ce genre de gravure, on pique ou on *graine* entièrement le cuivre, et ensuite on le rabaisse pour former les blancs, de même que dans la manière noire, qu'on peut regarder comme une espèce d'association de la gravure en relief, et de la gravure en creux. — Le Blond tenta d'établir à Londres une manufacture de papiers de tapisserie, et il y échoua. Jean Papillon le père, né en 1661, fut plus heureux à Paris; on croit qu'il y établit la première manufacture de ce genre vers l'an 1688.

autres, attachés pour la plupart à la manière noire, et peu connus hors de son sein. Elle n'avait encore vu naître ni Ardell, ni Robert Earlom, ni Green, ni les autres artistes, qui ont successivement porté ce genre de travail à un si haut degré de perfection. Les gravures de l'école de Rubens avaient été peu goûtées des Italiens, qui en désapprouvaient avec raison le style. Cette école avait péri avec les élèves de Vorsterman et de Pontius, et ses derniers rejetons avaient été accueillis dans l'école française. L'Italie elle-même avait totalement perdu les traces de Marc-Antoine, de Cort et d'Augustin Carrache. La France, pendant la vieillesse de Louis XIV et la jeunesse de Louis XV, était encore, comme sous le ministère de Colbert, le seul pays de l'Europe où l'art du burin fût cultivé avec un grand succès. Ce fut elle qui à son tour transmit alors à l'Allemagne, à l'Angleterre, à l'Italie, les principes conservés et épurés par les Edelinck, les Roullet, les Drevet, et ses autres grands maîtres.

Les écoles de Nicolas Larmessin, de Duchange, de Charles et de Nicolas Dupuis ses élèves, de Laurent Cars et de Philippe Le Bas, élèves de Nicolas-Henri Tardieu, devinrent le centre de l'instruction. C'est là que se formèrent, à peu d'intervalle les uns des autres, Joseph Wagner, Jean-Martin Preisler, Georges-Frédéric Schmidt, Jean-Georges Wille, nés en Allemagne; Ingram, Strange, Ryland, envoyés par l'Angleterre; Vivarès, Balechou, Flipart, Lempereur, Ficquet, Jardinier, Jacques Aliamet, parmi les Français, et les autres graveurs célèbres qui ont ensuite propagé l'art dans toutes les contrées de l'Europe.

L'amour de la nouveauté ayant égaré, à cette époque, les peintres qui jouissaient de la plus haute réputation, la gravure se trouva nécessairement entraînée dans quelques unes de leurs erreurs. Gaspard Duchange employa trop fréquemment dans les chairs des figures de femmes, un faire connu long tems auparavant, mais dont jusqu'alors on n'avait pas abusé. Il consistait dans des tailles courtes, très-déliées, prolongées par fractions, croisées par d'autres tailles également rompues, et entremêlées de points tantôt ronds, tantôt alongés, qui s'étendant jusque sur les clairs, ne laissaient paraître de blanc pur nulle part. Cette manière picotée, molle, d'un ton gris et égal, convenait peut-être aux peintures de Le Moine et de De Troy, mais elle ne pouvait rendre ni le style sévère, ni le coloris ferme et brillant de Raphaël, du Titien et du Corrège, auxquels on voulut cependant l'associer. Laurent Cars l'employa indistinctement dans le nu des figures de femmes, d'hommes et d'enfans. Son exemple la mit bientôt en crédit. Wagner, Strange, Ryland la perfectionnèrent en la régularisant. D'autres artistes, qui cherchaient des procédés expéditifs, la firent au contraire dégénérer en un simple pointillé, sans formes et sans couleur, qui, présentant à la médiocrité des ressources faciles, fut bientôt accrédité par la mode, et aurait amené la ruine de l'art, si quelques hommes célèbres, parmi lesquels nous pouvons compter des artistes encore vivans, n'eussent lutté avec constance contre l'empire du mauvais goût.

Antoine Trouvain, François et Jacques Chéreau, Jean Daullé, avaient sagement conservé, ainsi que Larmessin, le genre de travail propre aux Roullet et aux Edelinck. Balechou et Wille suivirent la même route. Le burin retrouva sous la main de ces deux habiles maîtres la hardiesse et l'énergie qu'il était menacé de perdre. Ils donnèrent souvent à leurs travaux, il faut en convenir, l'un trop de brillant, l'autre trop d'uniformité; mais nous leur avons l'obligation d'avoir conservé, d'avoir transmis à notre école l'art de maîtriser l'instrument qui produit les plus grandes beautés de la gravure.

D'autres artistes s'illustrèrent dans le même temps par des procédés nouveaux et ingénieux. Philippe Le Bas, qui a gravé avec tant d'esprit les ouvrages de Berchem et de Téniers, enseigna, par un fréquent usage de la pointe sèche, à imiter les tons vaporeux des lointains et du ciel, et à assurer par-là les effets de la perspective. Vivarès et Woollett, son savant imitateur, en perfectionnant ce procédé, unirent avec la plus rare intelligence, l'eau-forte, la pointe sèche et le burin, et donnèrent à la gravure du paysage tant de légèreté, de chaleur, de transparence et d'harmonie, qu'ils semblent dans leurs beaux ouvrages, d'après Le Gaspre, Annibal Carrache et Claude Lorrain, avoir fait des tableaux plutôt que des estampes.

Jacques Frey, Houbraken, Piranesy, Volpato, Cunego, Dietrich, Pierre-Etienne Moitte, les deux Cochin, Philippe-André Kilian, Folkema, Beauvarlet, Nicolas Delaunay, Augustin Saint-Aubin; Le Prince, à qui nous devons l'imitation des dessins au lavis par l'emploi de l'eau-forte; Jean et Edouard Dagoti, qui ont perfectionné les estampes à plusieurs couleurs; Desmarteaux et François, qui ont gravé à la manière du crayon; le poëte Gessner, Heinecken, Joseph Strutt, Papillon, Fuesslin, Gandellini, Watelet, Gersaint, Caylus, Mariette, tous à peu près contemporains, ont contribué à illustrer l'art, soit par leurs gravures, soit par leurs écrits.

Le 18me siècle, où vivaient ces différens maîtres, a enfanté plusieurs de ces grands recueils de gravures, qui méritent également la protection des souverains, à cause des nombreux travaux qu'ils offrent aux artistes, et de la gloire qui en rejaillit sur leurs règnes. Le Théâtre des peintures de l'archiduc Léopold, gravé sous la direction de Téniers, n'avait donné qu'une faible idée de ce que pouvaient être des ouvrages de cette nature. Le Cabinet du bourguemestre Reynst, mis au jour en 1661 par un simple particulier, ne renferme malheureusement, si l'on excepte les statues, que trente-trois estampes. Le Recueil publié à Padoue, en 1691, par Charlotte-Catherine Patin, n'est remarquable que par les notices écrites en latin, dont cette savante fille accompagna chaque gravure. Louis XIV et

Colbert conçurent et exécutèrent les premiers le projet d'une collection vraiment royale, qui fut en même tems utile à la gloire du prince et à l'intérêt de l'Etat. Vingt-trois volumes gravés aux frais du gouvernement, en retraçant à l'Europe les objets les plus précieux du cabinet du roi, ses fêtes, ses palais, ses victoires, procurèrent au commerce des profits immenses. En 1710, l'année même où fut terminée cette grande collection, Nattier fit paraître la Galerie du Luxembourg, bel ouvrage où cependant on remarque à regret dans quelques-unes des pièces qui le composent, les erreurs du siècle qui commençait. En 1729, parut le Cabinet de Crozat, le mieux exécuté de tous les ouvrages de ce genre faits vers le même tems. La Galerie de Versailles, commencée par Charles Simoneau, sur l'ordre de Colbert, interrompue peu de temps après la mort de ce ministre, continuée ensuite par Massé, et publiée en 1752 après vingt-huit ans de travaux consécutifs, offrit la réunion intéressante de tous les anciens maîtres formés par Gérard Audran, et rappela, cinquante ans après la mort de cet artiste, le faire de son école quelquefois amolli, mais toujours reconnaissable. La *Quadreria Medicea*, le *Museum Florentinum*, le *Museo Pio-Clementino*, les Peintures de l'hôtel Lambert, le Cabinet de Boyer d'Aiguilles, la Galerie de Dresde, celle du comte Bruhl, les Antiquités d'Herculanum, les Vases étrusques d'Hamilton, le Recueil de Boydell, donné à Londres en 1769, ont honoré le siécle qui vient de finir. Quelle que puisse être cependant la magnificence de ces divers recueils, témoins de l'impulsion que de nobles encouragemens donnent de nos jours aux beaux-arts, nous osons croire qu'ils seront bientôt surpassés par des productions d'une beauté plus accomplie.

De nouveaux succès nous sont enfin promis. Héritière des maîtres les plus célèbres du siècle dernier, l'école vivante nous offre toutes les beautés qui leur furent particulières, et sait se garantir de leurs erreurs. L'esprit de Vivarès et de Philippe Le Bas, le faire souvent doux et moelleux de Laurent Cars, de Wagner et de leurs élèves, les traits fermes et réguliers de Wille, la hardiesse et les tons brillans de Balechou, savamment réunis, embellissent les ouvrages des artistes, qui sont aujourd'hui l'objet de notre admiration ou de nos espérances. Le style ennobli de nos peintres, ne permet plus aux graveurs un dessin incorrect ou infidèle. Déjà même semble revivre le burin de Poilly, de Roullet et d'Edelinck

La France, justement énorgueillie d'avoir seule conservé pendant près d'un siecle les principes de ces grands maîtres, et d'en avoir transmis à l'Europe entière le précieux dépôt, doit se féliciter plus que jamais des progrès qu'elle-même a favorisés. Les artistes de tous les pays lui apportent en ce moment le tribut des talens qu'ils ont reçus d'elle. Tous s'empressent de concourir au monument que les éditeurs du Musée français élèvent à la gloire de NAPOLÉON. Il nous est, par cette raison, défendu de leur donner des éloges ; il nous est défendu même de les nommer ; mais les titres qui assurent leur réputation se multiplient chaque jour dans ce vaste Recueil. Une nouvelle période commence dans l'histoire de la gravure : elle datera du regne du HÉROS qui ne cesse de préparer des travaux à tous les arts par ses grandes actions, et de les honorer par ses bienfaits ; elle datera peut-être, en même temps, de cet immense ouvrage, entrepris sous ses auspices, et destiné à retracer aux yeux de la postérité les trophées de ses victoires.

FIN.

www.ingramcontent.com/pod-product-compliance
Ingram Content Group UK Ltd.
Pitfield, Milton Keynes, MK11 3LW, UK
UKHW020940180726
13838UKWH00003B/1056